하는 초등 자기개발서 "

공부력

Q 왜 공부력을 키워야 할까요?

쓰기력

정확한 의사소통의 기본기이며 논리의 바탕

연필을 잡고 종이에 쓰는 것을 괴로워한다!

맞춤법을 몰라 정확한 쓰기를 못한다!

말은 잘하지만 조리 있게 쓰는 것이 어렵다!

그래서 글쓰기의 기본 규칙을 정확히 알고

써야 공부 능력이 향상됩니다.

어휘력

교과 내용 이해와 독해력의 기본 바탕

어휘를 몰라서 수학 문제를 못 푼다!

어휘를 몰라서 사회, 과학 내용 이해가 안 된다!

어휘를 몰라서 수업 내용을 따라가기 어렵다!

그래서 교과 내용 이해의 기본 바탕을

다지기 위해 어휘 학습을 해야 합니다.

독해력

모든 교과 실력 향상의 기본 바탕

글을 읽었지만 무슨 내용인지 모른다!

글을 읽고 이해하는 데 시간이 오래 걸린다!

읽어서 이해하는 공부 방식을 거부하려고 한다!

그래서 통합적 사고력의 바탕인 독해 공부로

교과 실력 향상의 기본기를 닦아야 합니다.

계산력

초등 수학의 핵심이자 기본 바탕

계산 과정의 실수가 잦다!

계산을 하긴 하는데 시간이 오래 걸린다!

계산은 하는데 계산 개념을 정확히 모른다!

그래서 계산 개념을 익히고 속도와 정확성을

높이기 위한 훈련을 통해 계산력을 키워야 합니다.

세상이 변해도
배움의 즐거움은
변함없도록

시대는 빠르게 변해도
배움의 즐거움은
변함없어야 하기에

어제의 비상은
남다른 교재부터
결이 다른 콘텐츠
전에 없던 교육 플랫폼까지

변함없는 혁신으로
교육 문화 환경의 새로운 전형을
실현해왔습니다.

비상은 오늘, 다시 한번
새로운 교육 문화 환경을 실현하기 위한
또 하나의 혁신을 시작합니다.

오늘의 내가 어제의 나를 초월하고
오늘의 교육이 어제의 교육을 초월하여
배움의 즐거움을 지속하는 혁신,

바로, 메타인지학습을.

상상을 실현하는 교육 문화 기업 비상

메타인지학습
초월을 뜻하는 meta와 생각을 뜻하는 인지가 결합된 메타인지는
자신이 알고 모르는 것을 스스로 구분하고 학습계획을 세우도록 하는
궁극의 학습 능력입니다. 비상의 메타인지학습은 메타인지를 키워주어
공부를 100% 내 것으로 만들도록 합니다.

완자

공부력 속담·한자 성어·관용어 카드

이 책에 나오는 **속담, 한자 성어, 관용어** 카드입니다.
배운 내용을 떠올리며 카드 놀이를 해 보세요.

속담

잘되면 제 탓 못되면 조상 탓

속담

낮말은 새가 듣고 밤말은 쥐가 듣는다

속담

누워서 떡 먹기

한자 성어

비 일 비 재

非	一	非	再
아니다	하나	아니다	둘

속담

우물에 가 숭늉 찾는다

한자 성어

약 육 강 식

弱	肉	强	食
약하다	고기	강하다	먹다

속담

사촌이 땅을 사면 배가 아프다

한자 성어

이 구 동 성

異	口	同	聲
다르다	입	같다	소리

❶ 카드의 앞면에는 속담, 한자 성어, 관용어가 카드의 뒷면에는 뜻이 적혀 있어요.

❷ 카드를 점선을 따라 자른 후, 카드링으로 묶어요.

❸ 친구와 함께 문제를 내고 답하며 즐겁게 놀아요.

한자 성어

삼 고 초 려

三	顧	草	廬
셋	돌아보다	풀	오두막집

관용어

첫 단추를 끼우다

한자 성어

유 비 무 환

有	備	無	患
있다	갖추다	없다	걱정

관용어

손에 땀을 쥐다

관용어

머리를 모으다

관용어

말을 맞추다

관용어

손을 떼다

관용어

찬밥 더운밥 가리다

ⓦ 완자

공부력

초등 전과목
어휘 2A

초등 전과목 어휘
1-2학년군 구성

– 1A, 1B, 2A, 2B –

국어 교과서

✔ **문학**

화해 | 값지다 | 흡족 | 낭송 | 충고 등
20개 어휘 수록

✔ **문법**

밑바닥 | 무렵 | 진지 | 계시다 | 주무시다 등
12개 어휘 수록

✔ **말하기, 쓰기**

훑어보다 | 긴장 | 안부 | 짐작 | 배려 등
24개 어휘 수록

사회 교과서

✔ **사회·문화**

노약자 | 무릅쓰다 | 삼가다 | 갈등 | 적성 등
28개 어휘 수록

✔ **생활**

차례 | 증상 | 적절하다 | 규칙 | 응급 등
40개 어휘 수록

✔ **환경, 법**

함부로 | 횡단보도 | 예보 | 자제 | 재활용 등
16개 어휘 수록

✔ **역사, 지역**

조상 | 지혜롭다 | 며칠 | 한파 | 장맛비 등
12개 어휘 수록

**1~2학년 교과서에 나오는 필수 어휘를
과목별 주제에 따라 배우며 실력을 키워요!**

✔ 연산
묶음 | 세다 | 맞추다 | 낱개 | 횟수 등
12개 어휘 수록

✔ 도형
반듯하다 | 형태 | 맞추다 | 곧다 | 비교 등
12개 어휘 수록

수학 교과서

✔ 측정, 자료
가리키다 | 시각 | 단위 | 어림 | 합계 등
20개 어휘 수록

✔ 생물, 몸
소화 | 고약하다 | 보온 | 천적 | 풍부하다 등
40개 어휘 수록

✔ 대기, 지구, 우주
햇볕 | 가파르다 | 오염 | 진공 | 육지 등
24개 어휘 수록

과학 교과서

✔ 물질, 열, 운동
끓이다 | 쓰임새 | 높낮이 | 질다 | 묽다 등
20개 어휘 수록

특징과 활용법

하루 4쪽 공부하기

✳ 그림과 한자로
교과서 필수 어휘를
배우고 문제를 풀며
확장하여 익혀요.

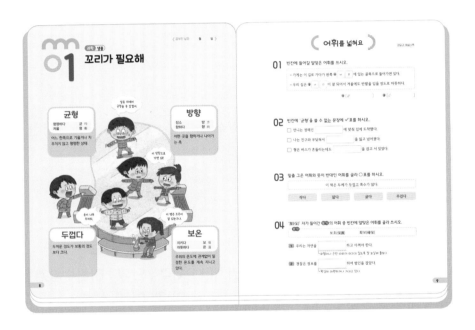

✳ 필수 어휘와 연관된
관용 표현과
문법을 배우고,
교과서 관련 글을
읽으며 어휘력을
키워요.

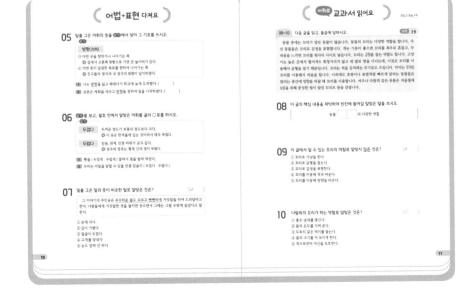

✅ 책으로 하루 4쪽씩 공부하며, 초등 어휘력을 키워요!

✅ 모바일앱으로 공부한 내용을 복습하고 몬스터를 잡아요!

공부한 내용 확인하기

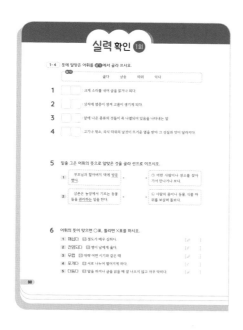

✳ 20일 동안 배운 어휘를 문제로 풀어 보며 자기의 실력을 확인해요.

모바일앱으로 복습하기

앱 다운받기

책 인증하기

✳ 그날 배운 내용을 바로바로, 또는 주말에 모아서 복습하고, 다이아몬드 획득까지! 공부가 저절로 즐거워져요!

차례

우리도 하루 4쪽 공부 습관!
스스로 공부하는 힘을
키워 볼까요?

큰 습관이
지금은 그 친구를 이끌고 있어요.
매일매일의 좋은 습관은 우리를 좋은
곳으로 이끌어 줄 거예요.

한 친구가
작은 습관을 만들었어요.

매일매일의 시간이 흘러
작은 습관은 큰 습관이 되었어요.

과학 생물

꼬리가 필요해

균형

평평하다	균	均
저울	형	衡

어느 한쪽으로 기울거나 치우치지 않고 평평한 상태

방향

장소	방	方
향하다	향	向

어떤 곳을 향하거나 나아가는 쪽

두껍다

두꺼운 정도가 보통의 정도보다 크다.

보온

지키다	보	保
따뜻하다	온	溫

주위의 온도에 관계없이 일정한 온도를 계속 지니고 있다.

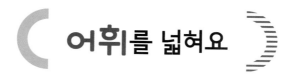
01 빈칸에 들어갈 알맞은 어휘를 쓰시오.

> • 가게는 이 길로 가다가 왼쪽 ① ㅂ ㅎ 에 있는 골목으로 들어가면 있다.
>
> • 우리 집은 ② ㅂ ㅇ 이 잘 되어서 겨울에도 반팔을 입을 정도로 따뜻하다.

① [✎   ]   ② [✎   ]

02 빈칸에 '균형'을 쓸 수 <u>없는</u> 문장에 ✓표를 하시오.

☐ 언니는 정해진 [   ]에 맞춰 집에 도착했다.

☐ 나는 친구와 부딪혀서 [   ]을 잃고 넘어졌다.

☐ 형은 버스가 흔들리는데도 [   ]을 잡고 서 있었다.

03 밑줄 그은 어휘와 뜻이 반대인 어휘를 골라 ○표를 하시오.

> 이 책은 두께가 <u>두껍고</u> 쪽수가 많다.

작다   얇다   굵다   무겁다

04 '보(保)' 자가 들어간 보기의 어휘 중 빈칸에 알맞은 어휘를 골라 쓰시오.

> 보기
>
> 보호(保護)   확보(確保)

1 우리는 자연을 [   ]하고 아껴야 한다.

↳ 위험이나 곤란 따위가 미치지 않도록 잘 보살펴 돌보다.

2 경찰은 정보를 [   ]하여 범인을 잡았다.

↳ 확실히 마련하거나 가지고 있다.

9

05 밑줄 그은 어휘의 뜻을 보기에서 찾아 그 기호를 쓰시오.

보기

방향(方向)

㉠ 어떤 곳을 향하거나 나아가는 쪽
  예 집에서 오른쪽 방향으로 가면 큰 놀이터가 있다.
㉡ 어떤 뜻이 일정한 목표를 향하여 나아가는 쪽
  예 친구들의 생각과 내 생각의 방향이 일치하였다.

1 나는 방향을 잃고 헤매다가 학교에 늦게 도착했다. (   )

2 삼촌은 계획을 세우고 방향을 정하여 일을 시작하였다. (   )

06 보기를 보고, 괄호 안에서 알맞은 어휘를 골라 ○표를 하시오.

보기

| 두껍다 | 두꺼운 정도가 보통의 정도보다 크다.
예 이 옷은 한겨울에 입는 것이라서 매우 두껍다. |
| 두텁다 | 믿음, 관계, 인정 따위가 굳고 깊다.
예 정우와 정호는 형제 간의 정이 두텁다. |

1 빵을 (두껍게 | 두텁게) 잘라서 잼을 발라 먹었다.

2 우리는 비밀을 말할 수 있을 만큼 믿음이 (두껍다 | 두텁다).

07 밑줄 그은 말과 뜻이 비슷한 말로 알맞은 것은?

그 이야기의 주인공은 <u>부끄러운 줄도 모르고 뻔뻔하게</u> 거짓말을 하여 도와달라고 한다. 사람들에게 거짓말한 것을 들키면 웃으면서 그때는 그럴 수밖에 없었다고 말한다.

① 손에 익다
② 입이 가볍다
③ 얼굴이 두껍다
④ 고개를 맞대다
⑤ 눈도 깜짝 안 하다

08~10 다음 글을 읽고, 물음에 답하시오.   과학 생물

　동물 중에는 꼬리가 달린 동물이 많습니다. 동물의 꼬리는 다양한 역할을 합니다. 우선 동물들은 꼬리로 감정을 표현합니다. 개는 기분이 좋으면 꼬리를 좌우로 흔들고, 두려움을 느끼면 꼬리를 뒷다리 사이로 넣습니다. 꼬리는 균형을 잡는 역할도 합니다. 고양이는 높은 곳에서 떨어져도 휘청거리지 않고 네 발로 땅을 디디는데, 이것은 꼬리를 이용해서 균형을 잡기 때문입니다. 꼬리는 적을 공격하는 무기로도 쓰입니다. 악어는 두꺼운 꼬리를 이용해서 싸움을 합니다. 이외에도 호랑이나 표범처럼 빠르게 달리는 동물들은 달리는 중간에 방향을 바꿀 때 꼬리를 사용합니다. 여우나 다람쥐 같은 동물은 겨울철에 보온을 위해 풍성한 털이 달린 꼬리로 몸을 감쌉니다.

08 이 글의 핵심 내용을 파악하여 빈칸에 들어갈 알맞은 말을 쓰시오.

{ 동물 ☐☐ 의 다양한 역할 }

09 이 글에서 알 수 있는 꼬리의 역할로 알맞지 <u>않은</u> 것은?　[✎　]
① 꼬리로 사냥을 한다.
② 꼬리로 균형을 잡는다.
③ 꼬리로 감정을 표현한다.
④ 꼬리를 이용해 적과 싸운다.
⑤ 꼬리를 이용해 방향을 바꾼다.

10 다람쥐의 꼬리가 하는 역할로 알맞은 것은?　[✎　]
① 좋은 냄새를 풍긴다.
② 몸의 온도를 지켜 준다.
③ 도토리 같은 먹이를 줍는다.
④ 몸의 크기를 커 보이게 한다.
⑤ 적으로부터 자신을 보호한다.

수학 측정

키가 컸어요

단위

하나	단 單
자리	위 位

길이, 무게, 시간 따위의 수량을 나타낼 때 기초가 되는 일정한 기준

측정

재다	측 測
정하다	정 定

일정한 기준에 따라서 길이, 무게, 크기 따위를 재다.

키를 측정해 봐야지.

맨발

아무것도 신지 않은 발

신체

몸	신 身
몸	체 體

사람의 몸

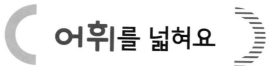

01 빈칸에 들어갈 알맞은 어휘를 쓰시오.

> 내 친구는 뛰어놀다가 신발이 찢어지자 신발을 벗고 ⬚ㅁ⬚ ⬚ㅂ⬚ 로 놀았다.

02 빈칸에 공통으로 들어갈 알맞은 어휘를 쓰시오.

> • 센티미터(㎝)는 길이를 재는 ⬚ㄷ⬚ ⬚ㅇ⬚ 이다.
>
> • 킬로그램(㎏)은 무게를 재는 ⬚ㄷ⬚ ⬚ㅇ⬚ 이다.

03 밑줄 그은 어휘와 뜻이 비슷한 어휘를 골라 ○표를 하시오.

1 어른들의 신체는 어린이에 비해서 크다.

> 몸 | 팔 | 머리 | 정신

2 의사 선생님이 체온계로 체온을 측정하다.

> 신다 | 세다 | 낫다 | 재다

04 '신(身)' 자가 들어간 보기 의 어휘 중 빈칸에 알맞은 어휘를 골라 쓰시오.

> **보기**
>
> 자신(自身)   변신(變身)

1 그는 [   ] 의 건강은 돌보지 않고 일했다.

↳그 사람의 몸 또는 바로 그 사람을 이르는 말

2 이 장난감 로봇은 자동차로 [   ] 할 수 있다.

↳몸의 모양이나 태도 따위를 바꾸다.

어법+표현 다져요

05 보기를 보고, 빈칸에 들어갈 알맞은 어휘를 쓰시오.

보기

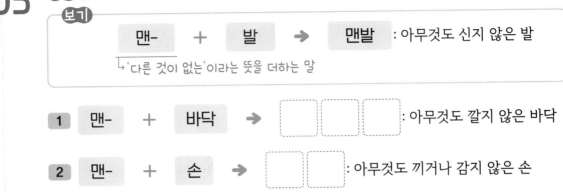

| 맨- | + | 발 | ➡ | 맨발 | : 아무것도 신지 않은 발 |

└ '다른 것이 없는'이라는 뜻을 더하는 말

1 맨- + 바닥 ➡ ☐☐☐ : 아무것도 깔지 않은 바닥

2 맨- + 손 ➡ ☐☐ : 아무것도 끼거나 감지 않은 손

06 다음에서 설명하는 신체 부분에 알맞은 어휘를 보기에서 골라 쓰시오.

보기

| 목덜미 | 눈꺼풀 | 넓적다리 | 발뒤꿈치 |

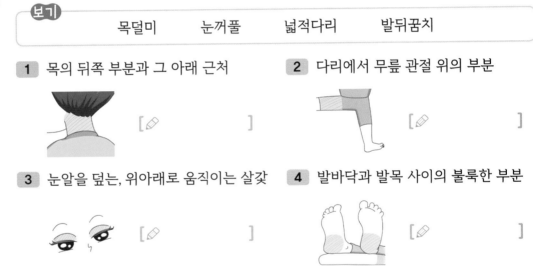

1 목의 뒤쪽 부분과 그 아래 근처

[🖉   ]

2 다리에서 무릎 관절 위의 부분

[🖉   ]

3 눈알을 덮는, 위아래로 움직이는 살갗

[🖉   ]

4 발바닥과 발목 사이의 불룩한 부분

[🖉   ]

07 밑줄 그은 속담의 뜻으로 알맞은 것은?

[🖉   ]

> 동생과 동생의 친구가 서로 자기가 더 크다고 다투었다. 둘은 엄마에게 누가 더 키가 큰지 물어보았다. 엄마는 둘의 키가 비슷하다며 "도토리 키 재기야."라고 말씀하였다.

① 비슷비슷하여 견주어 볼 필요가 없다.
② 편이 비슷한 것끼리 서로 잘 어울린다.
③ 아무리 작은 것이라도 모이고 모이면 큰 덩어리가 된다.
④ 크고 작은 것은 실제로 겨루어 보거나 겪어 보아야 안다.
⑤ 아무리 좋은 것이라도 쓸모 있게 만들어 놓아야 쓸 수 있다.

어휘로 교과서 읽어요

08~10   다음 글을 읽고, 물음에 답하시오.   수학 측정

　건강 검진은 건강이 어떠한지 알기 위해 우리 신체의 여러 부분을 검사하는 일입니다. 키와 몸무게를 측정하고, 눈이 잘 보이는지, 귀가 잘 들리는지 등을 검사하고 치과에 가서 충치가 있는지도 확인합니다. 수호는 건강 검진을 받으러 병원에 갔습니다. 수호는 작년보다 키가 얼마나 자랐는지 궁금했습니다. 수호가 키를 잴 차례가 되자 간호사 선생님께서 키를 재는 기계에 맨발로 올라서라고 말씀하셨습니다. 137이라는 숫자가 화면에 나타났습니다. 키를 잴 때 쓰는 단위는 센티미터(㎝)니까 수호의 키는 137센티미터입니다. 수호는 작년보다 7센티미터나 더 자랐다는 사실이 놀랍고 기뻤습니다.

08　이 글의 핵심 내용을 파악하여 빈칸에 들어갈 알맞은 말을 쓰시오.

건강 검진을 하며 [　] 를 잰 일

09　수호가 건강 검진을 받기 전에 궁금해한 점에 ✓표를 하시오.

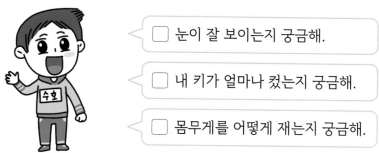

☐ 눈이 잘 보이는지 궁금해.

☐ 내 키가 얼마나 컸는지 궁금해.

☐ 몸무게를 어떻게 재는지 궁금해.

10　자신의 키를 확인하고 수호가 느낀 감정으로 알맞은 것은?　[✏   ]

① 기쁘다.
② 아쉽다.
③ 안타깝다.
④ 답답하다.
⑤ 실망스럽다.

사회 생활

03 복도에서 생긴 일

습관

| 익히다 | 습 習 |
| 버릇 | 관 慣 |

어떤 행동을 오랫동안 되풀이하는 과정에서 저절로 익혀진 행동 방식

드라마 오디션

긴장하니까 손톱 물어뜯는 습관이 나오네.

침착

| 가라앉다 | 침 沈 |
| 붙다 | 착 着 |

행동이 들뜨지 않고 마음이 가라앉아 조용하다.

침착하게 내 순서를 기다리자.

꽃이 필 때까지 잘 관리해야지.

꽃이 피기어 적절한 햇빛 적절한 온도.

관리

| 맡다 | 관 管 |
| 다스리다 | 리 理 |

사람의 몸이나 동물, 식물 따위를 보살펴 돌보다.

적절하다

| 맞다 | 적 適 |
| 끊다 | 절 切 |

꼭 알맞다.

어휘를 넓혀요

정답과 해설 8쪽

01 빈칸에 공통으로 들어갈 알맞은 어휘를 쓰시오.

> • 엄마는 위급한 상황에서도 당황하지 않는 ㅊ ㅊ 한 성격이다.
>
> • 지진이 나자 사람들은 서두르지 않고 ㅊ ㅊ 하게 건물을 빠져 나왔다.

[✎   ]

02 빈칸에 '관리하다'를 쓸 수 <u>없는</u> 문장의 기호를 쓰시오.

> ㉠ 자로 공책의 길이를 _____ .
>
> ㉡ 할머니께서는 건강을 _____ 위해 산에 가신다.
>
> ㉢ 사육사는 동물에게 먹이를 주고 동물의 건강을 _____ .

[✎   ]

03 다음 어휘의 뜻으로 알맞은 어휘를 골라 ◯표를 하시오.

> 습관
>
> 뜻 어떤 (생각 | 행동)을 오랫동안 (떠올리는 | 되풀이하는) 과정에서 저절로 익혀진 행동 방식

04 빈칸에 쓸 수 있는 어휘를 보기에서 골라 쓰시오.

> 보기
>
> 침착하다   관리하다   적절하다

1 강아지의 털이 엉키지 않도록 잘 _____ .

2 그 영화는 우정을 다루고 있어 학생들이 보기에 _____ .

3 갑자기 정전이 되어 깜깜해졌는데도 형은 매우 _____ .

어법+표현 다져요

05 보기와 같은 관계의 어휘끼리 묶은 것은?

> **보기**
>
> 침착하다 --- 차분하다
>
> 비슷한 뜻

① 서다 - 가다
② 뜨다 - 가라앉다
③ 돌보다 - 보살피다
④ 빌리다 - 빌려주다
⑤ 조용하다 - 시끄럽다

06 다음 문장에서 밑줄 그은 어휘를 바르게 고쳐 쓰시오.

1 화분을 잘 <u>괄리</u>하였더니 예쁜 꽃이 피었다.

↳ ☐ ☐

2 스스로 수업 준비물을 챙기는 <u>습간</u>을 가져야겠다.

↳ ☐ ☐

3 긴급한 상황이 일어나면 <u>침차카게</u> 안전한 곳으로 피해야 한다.

↳ ☐ ☐ ☐ ☐

07 밑줄 그은 속담의 뜻으로 알맞은 것은?

> 엄마: 시우야, 방이 이게 뭐니? 방 좀 청소하렴.
> 시우: 엄마, 나중에 정리할게요. 지금은 아무것도 하고 싶지 않아요.
> 엄마: 시우야, <u>세 살 적 버릇이 여든까지 간다</u>는 말이 있어. 지금부터 이렇게 정리를 안 하면 나중에 커서도 안 하게 된단다.

① 애써서 하던 일이 실패로 돌아가다.
② 잘못을 저지른 쪽에서 오히려 남에게 화를 낸다.
③ 윗사람이 잘하면 아랫사람도 따라서 잘하게 된다.
④ 작은 나쁜 짓도 자꾸 하면 나중에 큰 죄를 저지르게 된다.
⑤ 어릴 때 몸에 밴 버릇은 늙어 죽을 때까지 고치기 힘들다.

08~10 다음 글을 읽고, 물음에 답하시오.

사회 생활

　지호는 학교 복도를 뛰어가다가 지아와 부딪쳐 함께 바닥에 넘어졌습니다. 지호는 다친 데가 없었지만 지아는 무릎이 까져서 피가 났습니다. 지호는 어찌할 줄을 모르고 서 있었는데 오히려 지아가 침착하게 일어나 지호에게 괜찮다고 말했습니다. 정신을 차린 지호는 지아와 함께 보건실로 갔습니다. 보건 선생님께서는 지아의 무릎에 약을 바르시고 반창고를 붙여 주시며 상처를 관리해 주셨습니다. 집에 돌아온 지호는 엄마께 학교에서 있었던 일을 말씀드렸습니다. 지호는 당황해서 적절한 말을 찾지 못해 지아에게 사과를 못했다고 말했습니다. 엄마는 지아에게 ㉠편지로 미안한 마음을 전하는 것이 좋겠다고 하셨습니다. 그리고 복도에서는 뛰지 말고 사람이 있는지 살피는 습관을 가지라고 하셨습니다.

08 이 글의 핵심 내용을 파악하여 빈칸에 들어갈 알맞은 말을 쓰시오.

지호가 ☐☐ 에서 지아와 부딪친 사건

09 이 글에 나타난 지아의 성격으로 알맞은 것은? [✎　]

① 차분하다.
② 정직하다.
③ 욕심이 많다.
④ 자신감이 있다.
⑤ 짜증을 잘 낸다.

10 ㉠의 내용으로 알맞지 <u>않은</u> 것은? [✎　]

지아에게

　① <u>오늘 나 때문에 다쳐서 정말 미안해.</u> ② <u>아까는 네가 다치자 나도 너무 당황해서 미안하다는 말을 못 했어.</u> ③ <u>너의 상처가 빨리 낫기를 바랄게.</u> ④ <u>다음에는 다치지 않도록 내가 뛰어다닐 때 미리 비켜 줘.</u>

지호가

사회 역사

04 뒷간은 옛날 화장실

거름
식물이 잘 자라도록 땅이 좋아지게 하기 위하여 주는 것

조상
| 할아버지 | 조 | 祖 |
| 위 | 상 | 上 |

지금 사람들보다 먼저 산 사람

똥이 거름이 되었어.

에헴

지혜로운 조상들 덕분에 알게 된 사실이지.

중요한 내용에는 표시를 해 놓자.

중요
| 소중하다 | 중 | 重 |
| 꼭 필요하다 | 요 | 要 |

귀중하고 꼭 필요하다.

지혜롭다
| 슬기롭다 | 지 | 智 |
| 슬기롭다 | 혜 | 慧 |

사물의 의미를 빨리 깨닫고 사물을 정확하게 처리하는 능력이 있다.

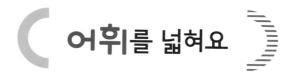

01 빈칸에 들어갈 알맞은 어휘를 쓰시오.

콩밭에 ㄱ ㄹ 을 주었더니 콩이 아주 잘 자랐다.

[✐]

02 밑줄 그은 어휘와 뜻이 비슷한 어휘를 골라 ○표를 하시오.

유나: 사막의 날씨는 너무 덥고 건조해.
시우: 그래서 사막에서는 물이 정말 <u>중요한</u> 역할을 해.

귀중한   적절한   풍성한   사소한

03 빈칸에 공통으로 들어갈 알맞은 어휘를 쓰시오.

• 옛날 사람들이 쓰던 물건을 보면 ㅈ ㅅ 들이 어떻게 살았는지 알 수 있다.

• 우리 전통 음료인 식혜는 맛있을 뿐만 아니라 소화를 도와준다. 이를 통해 음료를 약으로도 사용했던 우리 ㅈ ㅅ 들의 지혜를 알 수 있다.

[✐]

04 밑줄 그은 부분에 쓸 수 <u>없는</u> 어휘에 ○표를 하시오.

용왕은 토끼를 용궁으로 잡아와 간을 내놓으라고 했다. 하지만 토끼는 간을 집에 두고 왔다며 용왕을 속였다. 토끼는 _____ 행동한 덕분에 목숨을 구하고 용궁에서 도망칠 수 있었다.

지혜롭게   슬기롭게   영리하게   어리석게

어법+표현 다져요

05 괄호 안에서 바르게 쓴 어휘를 골라 ○표를 하시오.

1 형은 어려운 일이 생겨도 (지혜롭게 │ 지혜로께) 해결하였다.

2 그는 나이가 어린데도 마을에서 제일 (지혜롭웠다 │ 지혜로웠다).

3 왕은 문제를 해결할 (지혜롭운 │ 지혜로운) 방법을 알고 있었다.

06 밑줄 그은 부분에 쓸 수 있는 말을 골라 ✓표를 하시오.

> 다음주 토요일이 아빠의 생신이다. 나와 형과 누나는 아빠 몰래 선물을 준비하기로 했다. 우리는 방에서 _____ 어떤 선물이 좋을지 이야기를 나누었다.

☐ 눈에 밟히다
잊히지 않고 자꾸 눈에 떠오르다.

☐ 머리를 모으다
중요한 이야기를 하기 위해 서로 모이다.

☐ 귀에 못이 박히다
같은 말을 여러 번 듣다.

07 밑줄 그은 부분에 들어갈 속담으로 알맞은 것은?

> 엄마: 로희야, 표정이 왜 그러니?
> 로희: 수학 숙제를 밀렸어요. 오늘 10쪽이나 풀어야 해요.
> 엄마: 평소에 숙제를 미리 하지 그랬어.
> 로희: 엄마가 숙제 하라는 말을 안 해서 수학 숙제를 밀린 거예요.
> 엄마: "_____"(이)라더니 네가 안 하고는 왜 엄마 탓을 하니?

① 우물 안 개구리
② 울며 겨자 먹기
③ 급히 먹는 밥이 목이 멘다
④ 고래 싸움에 새우 등 터진다
⑤ 잘되면 제 탓 못되면 조상 탓

08~10 다음 글을 읽고, 물음에 답하시오.   사회 역사

우리 조상들은 농사를 지을 때, 흙을 기름지게 만들어 곡식이 잘 자라게 하려고 거름을 만들었습니다. 옛날에는 화장실을 뒷간이라고 불렀는데 뒷간은 거름을 만드는 중요한 장소였습니다. 뒷간의 바닥에는 똥을 담을 수 있는 큰 통을 두었습니다. 사람들이 뒷간에서 똥을 누면 똥통에 쌓이게 됩니다. 쌓인 똥은 바로 거름으로 사용할 수 없고 시간이 지나 똥이 썩어야 거름으로 사용할 수 있었습니다. 조상들은 뒷간의 똥이 어느 정도 쌓이면 퍼내서 짚이나 땔감을 태운 재와 섞기도 했습니다. 재를 똥에 섞으면 냄새가 덜 나고, 벌레들이 꼬이지 않았습니다. 똥으로 만든 거름을 논이나 밭에 뿌리면 흙 속의 영양분이 늘어나 농사가 잘되었습니다. 이렇게 우리 조상들은 지혜로운 방법으로 쓸모없어 보이는 똥을 거름으로 만들어 사용했습니다.

08 이 글의 핵심 내용을 파악하여 빈칸에 들어갈 알맞은 말을 쓰시오.

{ 똥을 ☐☐으로 활용한 조상들의 지혜 }

09 뒷간의 똥에 재를 섞은 이유로 알맞은 것에 ○표, 틀린 것에 ✕표를 하시오.

1 흙이 더 많아진다. (   )

2 나쁜 냄새가 덜 난다. (   )

3 벌레들이 모이지 않는다. (   )

4 불을 피울 때 쓰는 땔감이 많이 생긴다. (   )

10 우리 조상들에게 뒷간이 중요했던 이유로 알맞은 것은?   [✏   ]

① 짚을 얻을 수 있었다.
② 사람들이 모이는 장소였다.
③ 농사지을 땅을 늘릴 수 있었다.
④ 농사에 필요한 거름을 만들 수 있었다.
⑤ 농사를 방해하는 벌레들을 없앨 수 있었다.

국어 문학

05 시를 읽는 방법

낭송

소리를 높이다	낭	朗
외다	송	誦

크게 소리를 내어 글을 읽거나 외다.

상상

생각하다	상	想
모양	상	像

실제로 경험하지 않은 일이나 사물을 마음속으로 그려 보다.

우주 비행사는 우주선을 조종하고 우주에서 여러 가지 과학 실험을 합니다.

반복

돌이키다	반	反
돌아오다	복	復

같은 일을 되풀이하다.

내가 바라는 것은 홈런이야.

바라다

생각이나 바람대로 어떤 일이 이루어지거나 그렇게 되었으면 하고 생각하다.

01 밑줄 그은 어휘와 뜻이 비슷한 어휘로 알맞은 것은? [✎]

> 그 만화가 너무 재미있어서 세 번이나 <u>되풀이해서</u> 보았다.

① 집중해서   ② 다짐해서   ③ 반복해서
④ 전달해서   ⑤ 관리해서

02 밑줄 그은 어휘와 뜻이 비슷하지 <u>않은</u> 어휘에 ○표를 하시오.

> <u>바라는</u> 것을 이루기 위해서는 노력이 필요하다.

원하는   기르는   희망하는   소원하는

03 빈칸에 공통으로 들어갈 알맞은 어휘를 쓰시오.

> 그 독립 운동가는 사람들 앞에서 연설문을 [ㄴ][ㅅ] 했다. 사람들은 우리나라의
>
> 독립을 바라며 그의 [ㄴ][ㅅ]에 집중했다.

[✎]

04 빈칸에 쓸 수 있는 어휘를 보기에서 골라 그 기호를 쓰시오.

보기

낭송하다   상상하다   반복하다

1 10년 후에 내가 어떤 사람이 되었을지 [   ].

2 미주가 친구들 앞에서 큰 소리로 시를 [   ].

3 윤서가 춤을 완벽하게 추기 위해 같은 동작을 [   ].

어법+표현 다져요

05 보기를 보고, 괄호 안에서 알맞은 어휘를 골라 ○표를 하시오.

> **보기**
>
> **바라다**   생각이나 바람대로 어떤 일이 이루어졌으면 하고 생각하다.
>   예 동생은 자신의 꿈이 이루어지기를 바랐다.
>
> **바래다**   햇볕이나 물기 때문에 색이 변하다.
>   예 어렸을 적에 쓰던 이불은 색이 많이 바랬다.

1 그 책은 오래되어 종이가 누렇게 (바랐다 | 바랬다).

2 우리 팀이 이기기를 (바라며 | 바래며) 경기를 보았다.

3 민우는 힘들어도 다른 사람의 도움을 (바라지 | 바래지) 않는다.

06 다음 문장에서 밑줄 그은 어휘를 바르게 고쳐 쓰시오.

1 나는 같은 잘못을 <u>대풀이하지</u> 않기 위해 노력하였다.

↳ ☐ ☐ ☐ ☐ ☐

2 동물원에 가서 책에서만 봤던 동물을 <u>실재로</u> 보니 신기했다.

↳ ☐ ☐ ☐

07 밑줄 그은 부분에 들어갈 속담으로 알맞은 것은? [✎]

> 친구들은 모두 두발자전거를 타는데 나는 아직 두발자전거를 타지 못한다. 엄마는 연습하면 금방 탈 수 있다고 하셨다. 하지만 연습을 자주 하지 않으니 나의 자전거 타는 실력은 _____ 늘지 않았다. 이번 주말에는 엄마와 함께 열심히 연습해야겠다.

① 파리 날리는 듯   ② 눈에 불을 켜 듯
③ 가재는 게 편이듯   ④ 입에 달고 다니는 듯
⑤ 다람쥐 쳇바퀴 돌듯

08~10 다음 대화를 읽고, 물음에 답하시오.　　　　　국어 문학

> 태주: 내일 친구들 앞에서 이 시를 낭송해야 하는데 어떻게 읽어야 할지 모르겠어.
> 시아: 어떤 내용의 시인데?
> 태주: 멀리 이사 간 친구와 다시 만나기를 바라는 내용이야.
> 시아: 시를 낭송할 때는 말의 빠르기나 목소리의 높낮이를 시의 분위기에 맞추어 읽어야
> 　　　해. 무조건 큰 목소리로 읽거나 너무 빠르게 읽으면 안 돼. 그 시를 읽었을 때 떠
> 　　　오르는 장면을 상상하며 시의 분위기를 파악해 봐.
> 태주: ㉠이 시를 읽으면 친구를 그리워하는 소녀의 모습이 떠올라. 시의 분위기에 맞는
> 　　　차분한 목소리로 시를 반복해서 낭송해 봐야겠어.
> 시아: 열심히 연습해서 시를 멋지게 낭송하기를 바라.

08 이 글의 핵심 내용을 파악하여 빈칸에 들어갈 알맞은 말을 쓰시오.

{ 　　　　시를 ☐☐ 하는 방법　　　　 }

09 시를 낭송하는 방법으로 알맞은 것을 골라 ✓표를 하시오.

☐ 항상 큰 목소리로 읽는다.

☐ 분위기에 맞는 높낮이의 목소리로 읽는다.

☐ 시의 내용보다는 자신의 기분에 맞게 읽는다.

10 ㉠과 어울리는 낭송 방법으로 알맞은 것은?　　　[✐　　]

① 차분한 목소리로 읽는다.

② 활기찬 목소리로 읽는다.

③ 자신감 넘치는 목소리로 읽는다.

④ 밝고 명랑한 표정을 지으며 읽는다.

⑤ 친구의 행복한 모습을 몸짓으로 표현하며 읽는다.

과학 물질

플라스틱이 궁금해

굳다

단단하지 않은 것이 단단하게 되다.

쓰임새

물건이 쓰이는 곳이나 정도

흙이 굳어 단단해졌어.

나는 꽃을 꽂아 두는 쓰임새로 쓰여.

손쉽게 과자를 만들 수 있고, 과자 모양도 일정해.

탁

손쉽다

어떤 것을 다루거나 어떤 일을 하기가 까다롭거나 힘들지 않다.

일정

하나   일 一
정하다   정 定

어떤 것의 크기, 모양, 범위, 시간 따위가 하나로 정하여져 있다.

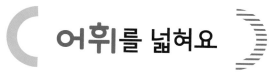
01 다음 어휘의 뜻으로 알맞은 어휘를 괄호 안에서 골라 ○표를 하시오.

> 손쉽다
>
> 뜻 어떤 것을 다루거나 어떤 일을 하기가 까다롭거나 (쉽지 | 힘들지) 않다.

02 밑줄 그은 말과 뜻이 비슷한 어휘를 골라 ○표를 하시오.

> • 쇠붙이는 단단한 정도에 따라 <u>쓰이는 곳</u>이 다르다.
> • 그릇은 생긴 모양에 따라 <u>사용하는 방법</u>이 다르다.

| 몫 | 형태 | 단위 | 쓰임새 |

03 빈칸에 '일정하다'를 쓸 수 없는 문장에 ✓표를 하시오.

☐ 버스의 도착 시간이 항상 [   ].

☐ 오늘 날씨는 나들이하기에 [   ].

☐ 공항에 있는 모든 비행기의 크기가 [   ].

04 밑줄 그은 어휘와 뜻이 비슷한 어휘를 골라 ○표를 하시오.

> 식탁 위에 놓아 둔 떡이 <u>단단해졌다</u>.

| 녹았다 | 끓었다 | 굳었다 | 부서졌다 |

어법+표현 다져요

05 보기를 보고, 빈칸에 들어갈 알맞은 어휘를 쓰시오.

보기

쓰임 + -새 ➡ 쓰임새

'쓰임새'는 '쓰임'에 '모양, 상태, 정도'를 뜻하는 '-새'가 더해져서 생긴 어휘이다.

1 생김 + -새 ➡ ☐☐☐ : 생긴 모양

2 모양 + -새 ➡ ☐☐☐ : 겉으로 보이는 모양

06 밑줄 그은 어휘의 뜻을 보기에서 골라 그 기호를 쓰시오.

보기

굳다

㉠ 단단하지 않은 것이 단단하게 되다.
　예 떡이 먹을 수 없게 굳었다.
㉡ 표정이나 태도 따위가 부드럽지 못하고 딱딱해지다.
　예 선생님께 혼난 친구의 표정이 굳었다.

1 할머니께 꾸지람을 듣자 아이의 얼굴이 굳었다. (　　　)

2 먹다 남은 빵을 그냥 두었더니 딱딱하게 굳었다. (　　　)

07 밑줄 그은 부분에 들어갈 속담으로 알맞은 것을 골라 ✓표를 하시오.

기후: 병 뚜껑이 잘 안 열리네.
리사: 이 도구를 쓰면 ＿＿＿＿＿＿(이)야. 손쉽게 해결할 수 있어.

☐ 소 닭 보듯
서로 관심이 없는 모양을 이르는 말

☐ 누워서 떡 먹기
하기가 매우 쉬운 것을 이르는 말

☐ 눈 가리고 아웅
얕은 속임수로 남을 속이려 한다는 말

08~10 다음 글을 읽고, 물음에 답하시오. 　　　　　　　　　　　　　　　　　　　**과학** **물질**

　우리 주변에서 손쉽게 구할 수 있는 플라스틱으로 된 물건들은 어떻게 만들어질까요? 플라스틱에 열이나 힘을 주면 물렁물렁해집니다. 물렁물렁한 플라스틱이 일정한 틀 모양 안에서 굳어 딱딱해지면 여러 가지 물건이 만들어집니다. 플라스틱은 보통 유리나 금속보다 가볍지만, 어떤 플라스틱은 유리나 금속보다 더 단단합니다. 플라스틱은 물건이 잘 비치도록 투명하게 만들 수도 있고 다양한 색깔을 낼 수도 있습니다. 그리고 전기가 잘 통하지 않는 성질이 있어서 전기 제품에도 많이 사용됩니다. 이런 특징 때문에 플라스틱은 음료수병, 장난감, 그릇, 칫솔 등 그 쓰임새가 매우 다양합니다.

08 이 글의 핵심 내용을 파악하여 빈칸에 들어갈 알맞은 말을 쓰시오.

{ 　□□□□　의 특징과 쓰임새 　}

09 플라스틱의 특징이 <u>아닌</u> 것은?　　　　　　　　　　　　　　[✎　　]

① 색깔을 내기 쉽다.
② 전기가 잘 통한다.
③ 투명하게 만들 수 있다.
④ 보통 유리나 금속보다 가볍다.
⑤ 유리나 금속보다 단단한 것도 있다.

10 빈칸에 들어갈 말을 이 글에서 찾아 쓰시오.

> 선생님: 플라스틱 물건을 만들려면 어떻게 해야 할까요?
>
> 민우: 플라스틱에 ❶ □ㅇ 이나 ❷ □ㅎ 을 주면 물렁물렁해지는데 이것을 틀 모양 안에서 굳혀서 만들어요.

❶[✎　　　　]　　　❷[✎　　　　]

과학 지구

지구가 아프대요

해치다

해하다   해 害

어떤 물건이나 상태를 상하거나 망가지게 하다.

오염

더럽다   오 汚
물들다   염 染

더럽게 물들다.

보물의 위치는 찾았는데, 물속 깊이 잠겨 있어 안 보여.

오염된 물이 우리를 해쳤어.

잠기다

물속에 물건이 넘어지거나 가라앉게 되다.

찾다

모르는 것을 알아내려고 애쓰다.

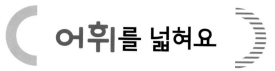
01 빈칸에 공통으로 들어갈 알맞은 어휘를 쓰시오.

공장에서 나온 더러운 물이 흘러들어가 바닷물이 ⃞ ⃞ 됩니다. 그러면 그 바닷물에서 사는 물고기들이 ⃞ ⃞ 되어 우리의 밥상에 올라옵니다.

[✎   ]

02 빈칸에 '잠기다'를 쓸 수 없는 문장의 기호를 쓰시오.

㉠ 홍수가 나서 마을이 물에 ⃞.

㉡ 수학 문제의 풀이법을 곰곰이 ⃞.

㉢ 큰 배가 파도에 휩쓸리면서 바다 속에 ⃞.

[✎   ]

03 밑줄 그은 어휘와 뜻이 비슷한 어휘를 골라 ○표를 하시오.

1 내 인형을 망가뜨린 범인을 <u>찾다</u>.

놓다 | 끝맺다 | 정하다 | 알아내다

2 과자를 너무 많이 먹어서 건강을 <u>해치다</u>.

살피다 | 망치다 | 불편하다 | 관리하다

04 '해(害)' 자가 들어간 보기의 어휘 중 빈칸에 알맞은 어휘를 골라 쓰시오.

보기
피해(被害)   공해(公害)

1 비가 많이 와서 큰 ⃞ 를 입었다.
└→생명이나 신체, 재산 따위에 손해를 입다.

2 도시를 개발하면서 ⃞ 문제가 심각해졌다.
└→산업이나 교통의 발달로 입게 되는 여러 가지 피해

05 밑줄 그은 어휘의 뜻을 보기에서 골라 그 기호를 쓰시오.

> 보기
>
> **잠기다**
>
> ㉠ 물속에 물체가 넣어지거나 가라앉게 되다.
>   예 배가 물에 잠기다.
> ㉡ 어떤 한 가지 일이나 생각에 정신을 쏟다.
>   예 언니는 상상에 잠겨서 잠시 말을 하지 않았다.
> ㉢ 어떤 기분 상태에 놓이게 되다.
>   예 그는 나라를 잃은 서러움에 잠겼다.

1 비가 많이 내려 다리가 물에 <u>잠기다</u>. (   )

2 강아지가 없어지자 동생은 슬픔에 <u>잠겼다</u>. (   )

3 나는 생각에 <u>잠겨서</u> 형이 부르는 소리를 듣지 못했다. (   )

06 보기와 같이 뜻이 반대인 관계의 어휘들이 <u>아닌</u> 것은?   [✎   ]

> 보기
>
> 찾다 ↔ 감추다
>
> └ 모르는 것을 알아내려고 애쓰다.   └ 어떤 사실이나 감정을 남이 모르게 하다.

① 막다 - 뚫다   ② 끊다 - 잇다   ③ 얻다 - 잃다
④ 만나다 - 헤어지다   ⑤ 바라다 - 소원하다

07 밑줄 그은 속담의 뜻으로 알맞은 것은?   [✎   ]

> 시우: 엄마, 빨리 튜브 주세요. 수영하게요.
> 엄마: 아직 수영복도 안 입었잖니? 수영복을 입고, 준비 운동을 한 뒤에 물에 들어가
>   야지. <u>우물에 가 숭늉 찾는다</u>고, 순서가 있는데 급하게 행동하면 안 된단다.

① 잘 아는 일도 조심한다.
② 서로 고만고만한 사람끼리 다툰다.
③ 일의 순서도 모르고 급하게 덤빈다.
④ 어려운 일도 여러 사람이 함께 하면 쉽게 끝마친다.
⑤ 여러 사람이 자기의 주장만 하면 일이 잘 되지 않는다.

08~10 다음 글을 읽고, 물음에 답하시오.   과학 지구

안녕하세요. 발표자 이미래입니다. 저는 오늘 우리가 살고 있는 지구에 대해 이야기하려고 합니다. 최근 지구 곳곳에서 ㉠이상한 일들이 일어나고 있습니다. 북극의 빙하가 녹아 바닷물의 높이가 높아지고, 높아진 바닷물에 작은 섬들이 잠기고 있습니다. 수많은 공장들과 자동차들이 그을음이 섞인 연기를 뿜어내면서 공기가 오염되고 있습니다. 사막으로 변하는 땅이 많아지면서 물과 식량이 부족해지고 있습니다. 이것은 모두 인간들이 편리하게 생활하기 위해서 일회용품을 함부로 사용하고 많은 쓰레기를 버리는 등 자연을 해치는 행동을 하여 일어난 일입니다. 지구의 환경이 나빠지면 인간의 삶도 나빠질 수밖에 없다는 것을 기억해야 합니다. 지구를 지키기 위해 우리들이 해야 할 일을 찾아 실천해야겠습니다.

08 이 글의 핵심 내용을 파악하여 빈칸에 들어갈 알맞은 말을 쓰시오.

{ ☐☐의 환경이 나빠진 이유와 우리가 할 일 }

09 ㉠의 예로 알맞지 <u>않은</u> 것은?   [✏︎   ]

① 공기가 오염되고 있다.
② 북극의 빙하가 녹고 있다.
③ 섬들이 바닷물에 잠기고 있다.
④ 땅들이 사막으로 변하고 있다.
⑤ 일회용품을 많이 사용하고 있다.

10 지구의 환경을 지켜야 하는 이유로 알맞은 것에 ✔표를 하시오.

☐ 섬과 바다에 놀러갈 수 없기 때문에

☐ 공장들과 자동차들이 필요하기 때문에

☐ 지구의 환경이 나빠지면 인간의 삶도 나빠지기 때문에

수학 연산

08 심장이 두근두근

횟수

| 돌아오다 | 회 | 回 |
| 수량 | 수 | 數 |

돌아오는 차례의 하나하나
의 수

상태

| 모양 | 상 | 狀 |
| 모습 | 태 | 態 |

사물이 처해 있는 현재의
모양 또는 형편

약 먹는 횟수는
하루에 세 번입니다.

상태가 좋아졌는데
안 먹으면 안 돼요?

마술로 인형이
움직입니다.

움직이다

멈추어 있던 자세나 자리가
바뀌다.

궁금하다

무엇이 알고 싶어 마음이 몹
시 답답하고 안타깝다.

어휘를 넓혀요

정답과 해설 13쪽

01 빈칸에 들어갈 알맞은 어휘를 쓰시오.

형과 나는 운동을 꾸준히 해서 건강 ㅅ ㅌ 가 좋다.
└ 사물이 처해 있는 현재의 모양이나 형편

[✎   ]

02 빈칸에 공통으로 들어갈 알맞은 어휘를 골라 ○표를 하시오.

- 아침에 늦게 일어나니 지각하는 [   ]가 늘어났다.
- 희수가 이사를 가서 희수와 만나는 [   ]가 줄어들었다.

| 차례 | 개수 | 횟수 | 종류 |

03 다음 어휘의 뜻으로 알맞은 어휘를 괄호 안에서 골라 ○표를 하시오.

1 움직이다 : [멈추어 / 반복하고] 있던 자세나 자리가 [바뀌다 / 적절하다].

2 궁금하다 : 무엇이 [찾고 / 알고] 싶어 [몹시 / 조금] 답답하고 안타깝다.

04 '수(數)' 자가 들어가는 보기의 어휘 중 빈칸에 알맞은 어휘를 골라 쓰시오.

보기
수학(數學)   개수(個數)

1 [   ] 시간에 곱셈을 배웠는데 너무 어렵다.
└ 수와 양의 성질이나 계산 방법 등을 가르치는 과목

2 사과의 [   ]가 많아서 한 상자에 들어가지 않는다.
└ 한 개씩 낱으로 셀 수 있는 물건의 수

05 밑줄 그은 어휘의 뜻을 보기에서 찾아 그 기호를 쓰시오.

> **보기**
>
> **움직이다**
>
> ㉠ 멈추어 있던 자세나 자리가 바뀌다.
> > 예 고개를 끄덕끄덕 움직이다.
> ㉡ 가지고 있던 생각이 바뀌다.
> > 예 형의 말이 엄마의 마음을 움직였다.

1 몸을 재빠르게 움직이다. (　　　　)

2 유진이의 행동이 선생님의 마음을 움직였다. (　　　　)

06 밑줄 그은 말의 뜻으로 알맞은 것은? [✎　　　]

> 제주도에 강한 태풍이 불어서 모든 비행기가 움직이지 못했다. 제주도에 있던 우리 가족은 공항에 발이 묶여서 집으로 돌아가지 못했다.

① 흡족하게 마음에 들다.
② 말이나 행동이 서로 맞지 않다.
③ 말이나 행동을 몹시 이랬다저랬다 하다.
④ 신중히 이것저것 생각하지 않고 마구 행동하다.
⑤ 몸을 움직일 수 없거나 활동할 수 없는 형편이 되다.

07 밑줄 그은 부분에 다음 한자 성어가 들어가기에 알맞지 <u>않은</u> 것은? [✎　　　]

> **비일비재** 비(非) 아니다 일(一) 하나 비(非) 아니다 재(再) 두 번
> 같은 현상이나 일이 한두 번이나 한둘이 아니고 많다는 뜻을 나타낸다.

① 건조한 겨울에는 산불이 ＿＿＿＿＿＿＿하게 일어난다.
② 유명한 음식점은 손님이 줄을 서는 일이 ＿＿＿＿＿＿＿하다.
③ 보미는 늦잠을 자주 자서 수업에 ＿＿＿＿＿＿＿하게 지각한다.
④ 대나무는 백 년에 한 번 정도 ＿＿＿＿＿＿＿하게 꽃을 피운다.
⑤ 산에 갔다가 곤충에 물리는 일이 ＿＿＿＿＿＿＿하게 일어난다.

01 빈칸에 들어갈 알맞은 어휘를 쓰시오.

팀에 새로 온 선수들이 ㅎ ㄹ 을 시작했다.
└ 가르쳐서 익히게 하다.

[✏]

02 빈칸에 들어갈 알맞은 어휘를 쓰시오.

아빠: 이 식당은 음식을 만드는 곳이 모두 보이는구나.

은성: 음식이 만들어지는 ❶ ㄱ ㅈ 을 볼 수 있어서 좋네요.

아빠: 음식 만드는 곳이 먼지 하나 없이 ❷ ㅊ ㄱ 하구나.

은성: 음식 맛도 중요하지만 깨끗해야 식당에 자주 오고 싶어져요.

❶ [✏]   ❷ [✏]

03 밑줄 그은 어휘와 뜻이 비슷한 어휘를 골라 ○표를 하시오.

고모는 강아지를 열 마리나 사육하고 계신다.

혼내고   기르고   살펴보고   지켜보고

04 빈칸에 쓸 수 있는 어휘를 보기에서 골라 쓰시오.

보기
청결하다   훈련하다   사육하다

1 선수들이 경기 전에 열심히 [   ].

2 농장에서 소, 돼지, 닭 따위를 [   ].

3 나는 손을 자주 닦아서 내 손은 항상 [   ].

05 다음 중 밑줄 그은 부분을 바르게 쓴 문장의 기호를 쓰시오.

> ㉠ 하늘이 <u>막꼬</u> 깨끗하다.
> ---
> ㉡ 내 친구는 토끼를 <u>기른다</u>.
> ---
> ㉢ 개들은 공원에서 <u>훌련</u>을 받았다.
> ---
> ㉣ 나는 태권도를 <u>익키려고</u> 연습했다.

[✎　　]

06 밑줄 그은 부분에 들어갈 말로 알맞은 것에 ✔표를 하시오

> • 연서는 대회에서 1등을 하며 꿈을 이루기 위한 _____.
> • 우리 야구 팀은 첫 경기에서 이겨 우승으로 가는 _____.

☐ 한 우물을 파다	☐ 첫 단추를 끼우다	☐ 뿌리를 뽑다
한 가지 일에 몰두하여 끝까지 하다.	새로운 과정을 출발하거나 일을 시작하다.	어떤 것이 생기고 자랄 수 있는 바탕을 없애 버리다.

07 밑줄 그은 속담을 사용할 상황으로 알맞은 것은?

[✎　　]

> "<u>쇠귀에 경 읽기</u>"에서 '경'은 부처님의 가르침을 모아놓은 책이다. 소의 귀에 대고 경을 아무리 읽어도 소는 단 한 마디로 알아듣지 못할 것이다. 그래서 이 속담은 아무리 가르치고 알려 주어도 알아듣지 못한다는 뜻으로 쓰인다.

① 친구가 상 받은 것을 샘내는 친구에게
② 갑자기 다리를 다쳐서 학교에 못 오게 된 친구에게
③ 우리 반에서 노래를 제일 잘 부른다고 자랑하는 친구에게
④ 공을 차는 방법을 알려 주어도 자꾸 헛발질을 하는 친구에게
⑤ 자신도 잘못을 저질렀지만 다른 사람의 잘못만 말하는 친구에게

08~10 다음 글을 읽고, 물음에 답하시오. **사회** 사회·문화

동물원에 있는 동물들은 누가 돌봐 줄까요? 동물 사육사는 동물이 태어나서 죽을 때까지 가장 가까이 있는 사람이라고 할 수 있습니다. 동물이 자라는 과정을 함께하면서 동물에게 먹이를 주고 동물이 건강하게 자라도록 사육하는 일을 하기 때문입니다. 동물 사육사는 동물의 특징을 잘 알아야 합니다. 그래야 동물의 움직임, 울음소리 등을 관찰하여 동물이 건강한지 확인할 수 있습니다. 동물 사육사는 동물이 사는 집을 청결하게 관리하는 일도 합니다. 또한 동물들을 운동시키거나 훈련하는 일도 맡고 있습니다. 동물 사육사는 동물과 언제나 함께하는 직업입니다. 동물 사육사가 되려면 동물에 대한 관심과 애정을 지녀야 하며 동물에 대해 열심히 공부해야 합니다.

08 이 글의 핵심 내용을 파악하여 빈칸에 들어갈 알맞은 말을 쓰시오.

{ 동물 [ ][ ][ ] 가 하는 일 }

09 이 글에서 알 수 있는 동물 사육사가 하는 일이 <u>아닌</u> 것은? [✐   ]

① 동물들을 운동시킨다.
② 아픈 동물을 치료한다.
③ 동물들에게 먹이를 준다.
④ 동물의 건강 상태를 확인한다.
⑤ 동물의 집을 깨끗하게 청소한다.

10 동물 사육사가 될 수 있는 방법으로 알맞은 것은? [✐   ]

① 동물을 훈련시키기
② 동물원에 자주 가기
③ 여러 종류의 동물을 키우기
④ 동물을 연구하는 과학자 도와주기
⑤ 동물에 관심과 애정을 갖고 공부하기

국어 말하기

11 내 생각을 말해 봐요

자신감

스스로	자	自
믿다	신	信
느끼다	감	感

어떤 일을 해낼 수 있다거나 어떤 일이 꼭 그렇게 될 것이라고 스스로 굳게 믿는 느낌

긍정

| 옳다고 여기다 | 긍 | 肯 |
| 정하다 | 정 | 定 |

그러하다고 생각하여 옳다고 인정하다.

난 자신감 있게 할 거야.

자신감 뿔뿔

끄덕 끄덕

너무 긴장돼.

저... 그러니까 저... 제가 하고 싶은 말은...

긴장

| 팽팽하다 | 긴 | 緊 |
| 세게 하다 | 장 | 張 |

마음을 조이고 정신을 바짝 차리다.

더듬다

말을 하거나 글을 읽을 때 잘 나오지 않고 자꾸 막히다.

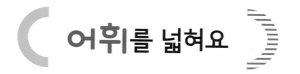

01 글의 내용을 보고, 괄호 안에서 알맞은 어휘를 골라 ○표를 하시오.

나는 장기자랑에서 중요한 역할을 맡았습니다. 내 차례가 다가오자 잘 하고 싶은 마음에 잔뜩 (긴장했습니다 | 상상했습니다). 선생님께서 제 굳은 표정을 보시고 연습하던 대로 자연스럽게 하라고 말씀하시면서 충분히 잘할 수 있으니 (호기심 | 자신감)을 가지라고 응원해 주셨습니다.

02 밑줄 그은 말과 뜻이 비슷한 어휘로 알맞은 것은? [✎]

친구들 앞에서 발표를 하려니까 떨려서 <u>말이 잘 나오지 않고 자꾸 막혔다.</u>

① 외웠다
③ 반복했다
⑤ 조심했다
② 더듬었다
④ 서둘렀다

03 밑줄 그은 어휘와 뜻이 반대인 어휘를 골라 ○표를 하시오.

엄마는 작년 여름에는 산으로 여행을 갔으니 올해는 바다로 여행을 가자고 하셨다. 아빠는 엄마의 의견을 <u>긍정하며</u> 고개를 끄덕이셨다.

바꾸며   수정하며   부정하며   방어하며

04 '자(自)' 자가 들어간 보기 의 어휘 중 빈칸에 알맞은 어휘를 골라 쓰시오.

보기
자동(自動)   자존심(自尊心)

1 이 에어컨은 방의 온도가 낮아지면 [   ]으로 꺼진다.
 └▸ 기계 따위가 제 힘으로 움직인다.

2 발명품의 평가가 좋지 않자 발명가는 [   ]이 상했다.
 └▸ 남에게 굽히지 않고 자신의 품위를 스스로 지키는 마음

어법+표현 다져요

05 보기를 보고, 괄호 안에서 알맞은 어휘를 골라 ○표를 하시오.

보기

조이다	긴장하거나 마음을 졸이다. 또는 그렇게 되다.
	예 내가 상을 받기를 바라며 마음을 조이다.
조리다	양념을 한 고기나 생선 따위를 국물에 넣고 끓여 양념이 배어들게 하다.
	예 멸치와 고추를 간장에 조리다.

1 생선을 고추장으로 만든 국물에 (조였다 | 조렸다).

2 피아노 대회에서 실수를 할까 봐 가슴을 (조이다 | 조리다).

06 밑줄 그은 어휘의 뜻을 보기에서 골라 그 기호를 쓰시오.

보기

더듬다

㉠ 말을 하거나 글을 읽을 때 잘 나오지 않고 자꾸 막히다.

　예 나는 너무 놀라 제대로 말을 못 하고 더듬었다.

㉡ 잘 보이지 않는 것을 손으로 이리저리 만져 보며 찾다.

　예 나는 어두운 계단을 더듬어 내려갔다.

1 영지는 침대 밑을 더듬어 잃어버렸던 머리끈을 찾았다. (　　　)

2 갑작스러운 선생님의 질문에 당황해서 말을 더듬었다. (　　　)

07 밑줄 그은 부분에 쓸 수 있는 말을 골라 ✓표를 하시오.

　가족들과 함께 국가 대표 팀의 축구 경기를 봤다. 전반전에 우리나라가 세 골을 넣어서 쉽게 이길 줄 알았다. 그런데 후반이 되자 상대 팀이 세 골을 넣었다. 가슴 떨리는 경기가 계속되었고, 경기가 끝나기 직전에 우리나라가 드디어 한 골을 넣어서 이겼다. 정말 ＿＿＿＿＿＿＿＿＿＿＿＿ 경기였다.

☐ 손을 멈추다

하던 동작을 잠깐 그만두다.

☐ 손에 잡힐 듯하다

매우 가깝게 또는 또렷하게 보이다.

☐ 손에 땀을 쥐다

아슬아슬하여 마음이 조마조마하다.

08~10 다음 글을 읽고, 물음에 답하시오.

국어 말하기

날짜	20○○년 ○월 ○일	날씨	맑았다가 흐림.

　오늘은 환경을 지키는 방법에 대해 발표하였다. 발표를 위해 지난 며칠간 열심히 연습하였지만 발표 시간이 다가오니 긴장되었다. 드디어 내 차례가 되었다. 지난번 발표에서는 너무 떨려서 말을 더듬었는데 이번에는 연습을 많이 해서 자신감이 있었다. 나는 분리수거를 잘 해야 한다는 나의 생각을 발표하였다. 분리수거를 하면 물건을 다시 사용할 수도 있고, 쓰레기도 줄일 수 있다는 것을 설명하였다. 친구들은 나의 말에 긍정하며 고개를 끄덕였다. 발표가 끝나자 친구들은 박수를 쳐 주었다. 선생님께서도 준비를 많이 한 것 같다며 칭찬해 주셨다. 친구들의 박수도 받고, 선생님의 칭찬도 들으니 연습한 보람이 있어 뿌듯하였다.

08 이 글의 핵심 내용을 파악하여 빈칸에 들어갈 알맞은 말을 쓰시오.

환경을 지키는 방법에 대해 □□한 일

09 글쓴이가 발표를 잘할 수 있었던 까닭으로 알맞은 것은?　[✎　]

① 긴장을 해서
② 연습을 많이 해서
③ 친구들의 박수를 받아서
④ 선생님께 칭찬을 들어서
⑤ 지난 발표를 잘 마무리해서

10 발표를 마친 후 글쓴이의 마음으로 알맞은 것에 ✔표를 하시오.

☐
뿌듯하다.

☐
화가 난다.

☐
당황스럽다.

12 도서관에 가면

대출

빌리다　　　대 貸
내놓다　　　출 出

돈이나 물건 따위를 빌려주거나 빌리다.

반납

돌이키다　　반 返
들이다　　　납 納

도로 돌려주다.

대출　　반납

⇩반납

도서관에서 정한 규칙을 따라야 해요.

도서관 이용 규칙

통화

통하다　　　통 通
말하다　　　화 話

전화로 말을 주고받다.

정하다

결정하다　　정 定

규칙이나 법 따위를 적용하는 범위를 결정하다.

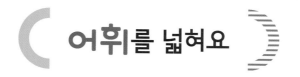

어휘를 넓혀요

정답과 해설 17쪽

01 빈칸에 들어갈 알맞은 어휘를 쓰시오.

> 버스 안에서 휴대 전화로 [ㅌ][ㅎ]할 때는 작게 말해야 한다.

[✏]

02 괄호 안의 어휘를 바꾸어 썼을 때 뜻이 비슷한 문장에 ✓표를 하시오.

> 나는 도서관에서 [대출한] 동화책을 [반납하려고] 도서관에 갔다.

- ☐ 나는 도서관에서 [돌려준] 동화책을 [빌리려고] 도서관에 갔다.
- ☐ 나는 도서관에서 [빌린] 동화책을 [돌려주려고] 도서관에 갔다.

03 빈칸에 쓸 수 있는 어휘를 **보기**에서 골라 쓰시오.

> **보기**
>
> 정하다   반납하다   대출하다

1 스키장에서 스키를 빌리고 2시간 후에 [   ].

2 돈이 필요한 사람들은 은행에서 돈을 [   ].

3 싱가포르에서는 거리에서 껌을 씹으면 안 된다고 법으로 [   ].

04 '정(定)' 자가 들어간 **보기**의 어휘 중 빈칸에 알맞은 어휘를 골라 쓰시오.

> **보기**
>
> 결정(決定)   예정(豫定)

1 우리 가족은 대청소를 하기로 [   ]했다.

↳행동이나 태도를 분명하게 정하다.

2 나는 잠시 후 친구를 만나러 갈 [   ]이다.

↳앞으로 해야 할 일을 미리 정하거나 생각하다.

05 보기를 보고, 밑줄 그은 어휘가 어떤 말들이 더해진 것인지 쓰시오.

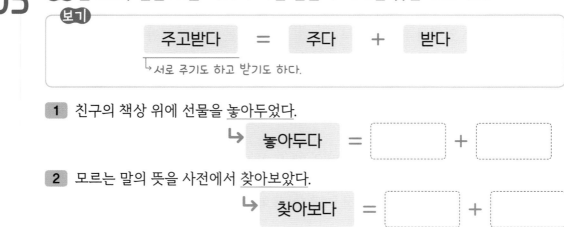

보기

| 주고받다 | = | 주다 | + | 받다 |

↳ 서로 주기도 하고 받기도 하다.

1 친구의 책상 위에 선물을 놓아두었다.

↳ 놓아두다 = [   ] + [   ]

2 모르는 말의 뜻을 사전에서 찾아보았다.

↳ 찾아보다 = [   ] + [   ]

06 빈칸에 공통으로 들어갈 알맞은 어휘를 쓰시오.

- 가는 ▢ 이 고와야 오는 ▢ 이 곱다: 자기가 남에게 말이나 행동을 좋게 하여야 남도 자기에게 좋게 한다는 말
- 호랑이도 제 ▢ 하면 온다: 그 자리에 없다고 남을 흉봐서는 안 된다는 뜻, 다른 사람에 관한 이야기를 하는데 우연히 그 사람이 나타난다는 말

[✎   ]

07 보기의 밑줄 그은 부분에 들어갈 내용으로 알맞은 것은? [✎   ]

보기

이	구	동	성
다르다 이(異)	입 구(口)	같다 동(同)	소리 성(聲)

입은 다르나 목소리는 같다는 말로, ＿＿＿＿＿＿＿＿＿＿ 는 뜻을 지닌다.

예 놀이공원에 가는 것에 가족 모두가 이구동성으로 찬성하였다.

① 이익을 혼자서만 가진다
② 사람마다 생각이 다르다
③ 여러 사람의 말이 모두 같다
④ 여러 사람이 시끄럽게 떠든다
⑤ 그렇게 행동하는 것이 버릇이 되었다

어휘로 **교과서 읽어요**

정답과 해설 17쪽

08~10 다음 글을 읽고, 물음에 답하시오.　　　사회 생활

○○ 도서관을 이용하실 때 다음과 같은 점을 지켜 주시기 바랍니다.

- 도서관 안에서는 뛰어다니거나 큰 소리로 떠들지 않습니다.
- 책을 읽으며 음식을 먹거나 음료수를 마시지 않습니다.
- 휴대 전화로 통화해야 할 때에는 밖으로 나가서 통화합니다.
- 책을 대출하거나 반납할 때는 차례대로 줄을 섭니다.
- 도서관에서 정한 시간 동안 책을 대출하거나 반납합니다.
  - 월~금요일: 오전 9시~오후 6시
  - 토~일요일: 오전 10시~오후 9시

도서관은 많은 사람들이 함께 이용하는 곳입니다. ㉠도서관을 이용할 때에는 예절을 갖추고, 책을 소중하게 다루어 주십시오.

08 이 글의 핵심 내용을 파악하여 빈칸에 들어갈 알맞은 말을 쓰시오.

｛　　□□□ 을 이용하는 방법　　｝

09 도서관을 이용하는 방법으로 알맞지 <u>않은</u> 것은?　　[✎　]

① 도서관 안에서는 뛰지 않는다.
② 책을 읽으면서 음식을 먹지 않는다.
③ 도서관 안에서 시끄럽게 떠들지 않는다.
④ 도서관 안에서 통화할 때에는 조용히 말한다.
⑤ 책을 대출하거나 반납할 때는 차례를 지켜 줄을 선다.

10 ㉠의 까닭으로 알맞은 것은?　　[✎　]

① 도서관이 작아서　　② 비싼 책이 많아서
③ 책의 양이 많지 않아서　　④ 모두가 함께 사용하는 곳이어서
⑤ 어른들이 많이 찾아오는 곳이어서

국어 문법

13 '꽃샘추위'라는 말

무렵

대략 어떤 시기와 같은 때

크리스마스 무렵에는 거리가 참 예뻐.

매섭다

정도가 매우 심하다.

어디든 들어가자! 바람이 너무 매서워.

에어컨 때문인지 좀 서늘하구나!

흥

서늘하다

무엇의 온도나 기온이 꽤 찬 느낌이 있다.

시샘하다

자기보다 잘되거나 나은 사람을 아무 까닭 없이 미워하고 싫어하다.

01 빈칸에 공통으로 들어갈 알맞은 어휘를 쓰시오.

- 엄마는 저녁 ㅁ ㄹ 이 되어서야 집에 오셨다.
- 방학이 시작될 ㅁ ㄹ 에 소미는 감기에 걸려 학교에 가지 못했다.

[✎   ]

02 밑줄 그은 어휘와 뜻이 비슷한 어휘를 골라 ○표를 하시오.

1 바람이 <u>매섭게</u> 부니 나뭇가지들이 흔들렸다.

낮게 | 심하게 | 두껍게 | 부드럽게

2 나는 친구들에게 인기가 많은 유나를 <u>시샘했다</u>.

아꼈다 | 질투했다 | 좋아했다 | 그리워했다

03 밑줄 그은 어휘와 뜻이 반대인 어휘를 골라 ○표를 하시오.

사람들은 햇볕을 피해서 <u>서늘한</u> 그늘에 앉았다.

더운   추운   적절한   시원한

04 빈칸에 쓸 수 있는 어휘를 보기에서 골라 쓰시오.

보기

매섭다   서늘하다   시샘하다

1 겨울이 되니 추위가 [   ].

2 계곡의 물은 더위를 피할 수 있을 만큼 [   ].

3 다른 장군들이 큰 공을 세운 이순신 장군을 [   ].

어법+표현 다져요

05 보기를 보고, 밑줄 그은 어휘가 맞으면 ○표, 틀리면 ×표를 하시오.

> **보기**
>
> **덥다**
> - 아프리카는 매우 <u>덥고</u> 건조하다. (○)
> - 날씨가 너무 <u>더워서</u> 반팔 티셔츠를 입었다. (○)

1 춥다
- 동굴 속은 너무 <u>춥고</u> 어두웠다. (   )
- 날씨가 <u>춥워서</u> 밖에 나갈 수 없었다. (   )

2 매섭다
- 봄인데도 바람이 <u>매서고</u> 차가웠다. (   )
- 산골의 겨울바람은 몹시 <u>매서웠다</u>. (   )

06 다음 문장에서 밑줄 그은 어휘를 바르게 고쳐 쓰시오.

1 할머니께서는 항상 이 <u>무렵</u>에 고구마를 주신다.

2 저녁에 <u>서눌한</u> 바람을 맞으며 공원을 산책하였다.

3 친구들끼리 서로 <u>시셈하지</u> 말고 사이좋게 지내야 한다.

07 다음 속담을 사용할 상황으로 알맞은 것은?

> **사촌이 땅을 사면 배가 아프다**
>
> 가까운 사람이 잘되는 것을 보면 시샘이 나서 아프지 않던 배가 아프다는 뜻의 속담이다. 남이 잘되는 것을 기뻐해 주지는 않고 질투하고 시기하는 때에 사용한다.

① 혼자만 몰래 간식을 먹은 지아에게
② 차가운 음식을 먹고 배탈이 난 시우에게
③ 상을 탄 친구를 보고 괜히 심술이 난 유주에게
④ 자기도 줄넘기를 못하면서 다른 친구를 흉보는 민수에게
⑤ 친구의 부탁을 거절하지 못해서 항상 들어주는 지오에게

08~10 다음 글을 읽고, 물음에 답하시오. 〔국어 문법〕

　겨울이 지나 봄이 되면 날씨가 따뜻해집니다. 봄이 되면 사람들의 옷도 얇아지고 바깥에서 지내는 시간이 길어집니다. 식물에도 싹이 트고 꽃봉오리가 핍니다. 이럴 즈음에 갑자기 바람이 서늘해지면서 추위가 찾아옵니다. 보통 꽃이 필 무렵에 이런 추위가 많이 나타납니다. 그래서 꽃이 피는 것을 시샘하는 듯한 추위라고 하여 '꽃샘추위'라고 부릅니다. 꽃샘추위는 3월~4월에 잠깐 나타납니다. 꽃샘추위 때문에 꽃이 늦게 피기도 하고, 농부들은 농사에 피해를 입기도 합니다. 따뜻한 봄 날씨였다가 갑자기 매섭게 추워지니 사람들은 감기에 걸리기도 합니다. 그래서 꽃샘추위가 오는 때에는 옷을 따뜻하게 입는 것이 좋습니다.

08 이 글의 핵심 내용을 파악하여 빈칸에 들어갈 알맞은 말을 쓰시오.

{ '□□□□'라는 말의 뜻 }

09 꽃샘추위에 대한 설명으로 알맞은 것에 ○표, **틀린** 것에 ✕표를 하시오.

1 봄에 갑자기 추워지는 날씨이다. (　　　)

2 농부들이 농사를 지을 때 도움이 된다. (　　　)

3 꽃이 피는 것을 시샘하는 추위라는 뜻의 말이다. (　　　)

10 꽃샘추위 때 해야 할 행동으로 알맞은 것은? 〔✎　　〕

① 얇은 봄옷을 입는다.
② 농사를 짓지 않는다.
③ 옷차림에 신경 쓰지 않는다.
④ 추우니까 바깥에 나가지 않는다.
⑤ 감기에 안 걸리도록 따뜻하게 입는다.

사회 환경

14 먼지를 조심해요

예보

미리   예 豫
알리다   보 報

앞으로 일어날 일을 미리 알리다.

실외

집   실 室
바깥   외 外

방이나 건물 따위의 밖

비가 온다고 예보해 주네.

오늘의 날씨
9℃
체감온도 9.2˚
비, 어제보다 1˚ 낮아요.

다른 사람에게 빗물이 안 튀게 주의해야지.

참자! 참자!

자제

스스로   자 自
내리누르다   제 制

감정이나 무엇을 갖고 싶은 욕심을 스스로 눌러서 그치게 하다.

주의

뜻을 두다   주 注
생각   의 意

마음에 새겨 두고 조심하다.

어휘를 넓혀요

01 빈칸에 들어갈 알맞은 어휘를 쓰시오.

운동 경기는 밖에서 하는 경기와 안에서 하는 경기로 나눌 수 있다. 농구나 배구는 안에서 하는 실내 경기이고, 테니스나 골프는 밖에서 하는 ㅅ ㅇ 경기이다.

[✎   ]

02 빈칸에 공통으로 들어갈 어휘로 알맞은 것은?

[✎   ]

• 지호는 살을 빼기 위해 먹고 싶은 것을 [   ].

• 상대 선수가 거칠게 공격했지만 수호는 흥분을 [   ].

① 침착했다　　　　② 자제했다　　　　③ 집중했다
④ 움직였다　　　　⑤ 긴장했다

03 밑줄 그은 말과 뜻이 비슷한 어휘를 골라 ○표를 하시오.

1 버스 안에서 다른 사람의 발을 밟지 않도록 주의하다.

조심하다 | 안전하다 | 필요하다 | 확인하다

2 기상청에서 내일 많은 눈이 내릴 것이라고 미리 알리다.

궁금하다 | 일어나다 | 중요하다 | 예보하다

04 '외(外)' 자가 들어간 보기의 어휘 중 빈칸에 알맞은 어휘를 골라 쓰시오.

보기
외출(外出)　　　　야외(野外)

1 내 생일에 가족들과 함께 [   ]을 했다.
↳집 따위에서 벗어나 잠시 밖으로 나가다.

2 우리 이모는 [   ]에서 결혼식을 했다.
↳집 밖이나 사방, 위아래를 가리지 않은 곳

어법+표현 다져요

05 괄호 안에서 바르게 쓴 어휘를 골라 ○표를 하시오.

1 (밖 | 박)은 추우니까 나가지 말고 실내에서 놀아라.

2 밤에 큰 소리로 떠드는 일을 (자재해 | 자제해) 주세요.

3 '정직'이라는 말을 마음에 (세기고 | 새기고) 살고 있다.

4 계단을 내려갈 때 넘어지지 않도록 (주이하세요 | 주의하세요).

06 밑줄 그은 한자 성어의 뜻으로 알맞은 것은? [✎   ]

> 기상청에서는 올해 여름에 강한 태풍이 올 것이라고 예보했습니다. 태풍에 자주 피해를 입는 지역에서는 <u>유비무환(有備無患)</u>이라는 자세로 집과 주변을 살펴야 합니다. 바람에 날아가기 쉬운 지붕이나 간판은 잘 매어 두고, 금이 간 담과 기둥을 수리해 두면 태풍이 와도 걱정 없이 지낼 수 있을 것입니다.

① 이리저리 바쁘게 돌아다니다.
② 자기 이익만을 먼저 생각하다.
③ 자신이 한 말을 행동으로 옮기다.
④ 미리 준비가 되어 있으면 걱정할 것이 없다.
⑤ 아무리 훌륭한 것이라도 쓸모 있게 만들어 놓아야 값어치가 있다.

07 밑줄 그은 부분에 들어갈 속담으로 알맞은 것은? [✎   ]

> 지우: 어제 다미가 전화를 해서 왜 자기 흉을 봤느냐고 따졌어.
> 하나: 네가 다미를 흉 본 것을 어떻게 알았대?
> 지우: 우연히 근처에 있어서 다 들었대. 화가 많이 났던데 어떻게 하지?
> 하나: 솔직하게 사과해. _____고 다음부터는 아무도 안 듣는다고 생각되더라도 말을 조심해.

① 배보다 배꼽이 크다
② 까마귀 날자 배 떨어진다
③ 고래 싸움에 새우 등 터진다
④ 벼 이삭은 익을수록 고개를 숙인다
⑤ 낮말은 새가 듣고 밤말은 쥐가 듣는다

08~10 다음 글을 읽고, 물음에 답하시오.   (사회) (환경)

공기 중에는 눈에 보이지 않는 먼지가 떠다닙니다. 그중에서도 미세 먼지는 공장, 자동차에서 나오는 해로운 물질로 이루어진 아주 작은 먼지입니다. 미세 먼지는 매우 작기 때문에 우리 몸속으로 들어가 기침을 일으키고, 피부에 무엇이 나게 하기도 합니다. 또 심장과 뇌에 나쁜 영향을 미치기도 합니다. 뉴스에서 미세 먼지가 많다고 예보하면, 어린이, 노인, 임산부는 외출을 자제해야 합니다. 꼭 외출해야 한다면 밖에서 오래 머물지 않습니다. 그리고 실외에서는 반드시 마스크를 써야 합니다. 또한 밖에 있는 미세 먼지가 실내에 들어오면 안 되므로 창문을 열어 두지 않도록 주의합니다.

08 이 글의 핵심 내용을 파악하여 빈칸에 들어갈 알맞은 말을 쓰시오.

{ ☐ ☐ ☐ ☐ 의 특징과 주의할 점 }

09 미세 먼지에 대한 설명으로 알맞지 <u>않은</u> 것은?   [✐   ]

① 기침을 일으킨다.
② 피부에 무엇이 나게 한다.
③ 매우 작지만 우리 눈에도 보인다.
④ 심장과 뇌에 나쁜 영향을 미친다.
⑤ 자동차와 공장에서 나온 물질로 이루어졌다.

10 미세 먼지가 많은 날에 해야 할 행동이 <u>아닌</u> 것은?   [✐   ]

① 실내에서 놀지 않는다.
② 창문을 열어 놓지 않는다.
③ 바깥에서 오래 있지 않는다.
④ 바깥에서는 마스크를 꼭 쓴다.
⑤ 어린이, 노인, 임산부는 외출을 하지 않는다.

수학 도형

15 조각으로 만드는 모양

이용

이롭다   이 利
쓰다   용 用

대상을 필요에 따라 이롭게
쓰다.

도구를 이용하면
쉽게 조각할 수 있어.

따위

앞에 나온 종류의 것들이
죽 나열되어 있음을 나타내
는 말

곰, 코끼리, 기린
따위의 동물 형태를
조각했구나.

이 조각을
맞춰야 해.

형태

모양   형 形
모양   태 態

사물의 생김새나 모양

맞추다

서로 떨어져 있는 부분을
제자리에 맞게 대어 붙이다.

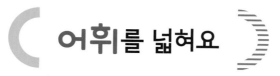
01 빈칸에 공통으로 들어갈 알맞은 어휘를 쓰시오.

- 가게에서 사과, 배, 감 ㄸ ㅇ 를 샀다.
- 할머니께서 텃밭에 상추, 깻잎, 고추 ㄸ ㅇ 를 심으셨다.

[✐   ]

02 왼쪽 어휘와 뜻이 비슷하지 <u>않은</u> 어휘를 골라 ○표를 하시오.

| 형태 | 모양 | 차례 | 생김새 |

03 밑줄 그은 어휘와 뜻이 비슷한 어휘를 골라 ○표를 하시오.

이 운동 기구는 모든 사람들이 함께 <u>사용한다</u>.

| 보호한다 | 양보한다 | 이용한다 | 살펴본다 |

04 빈칸에 '맞추다'를 쓸 수 <u>없는</u> 문장의 기호를 쓰시오.

⊙ 친구의 답이 틀렸고 내 답이 [   ].

⊙ 아빠가 깨진 도자기의 조각들을 [   ].

⊙ 부서진 장난감 조각을 풀로 붙여 [   ].

⊙ 설명서를 보며 로봇의 부품들을 [   ].

[✐   ]

05 밑줄 그은 어휘의 뜻을 보기에서 골라 그 기호를 쓰시오.

보기

맞추다

㉠ 서로 떨어져 있는 부분을 제자리에 맞게 대어 붙이다.
   예 깨진 조각을 본체와 맞추어 붙이다.
㉡ 둘 이상의 대상들을 나란히 놓고 비교하여 살피다.
   예 친구와 일정을 맞추어 보고 목요일에 만나기로 했다.

1 문제집을 풀고 정답과 <u>맞추어</u> 보니 모두 맞았다. (   )

2 그림 퍼즐을 다 <u>맞추었더니</u> 동물 그림이 만들어졌다. (   )

06 밑줄 그은 부분에 공통으로 쓸 수 있는 말을 골라 ✓표를 하시오

• 나와 동생은 미리 _____ 아빠께 동물원에 가자고 했다.
• 두 사람은 _____ 나에게 목요일에 만나자고 했다.

☐ 눈을 맞추다

서로 눈을 마주 보다.

☐ 말을 맞추다

다른 사람과 말의 내용이 다르지 않게 하다.

☐ 장단을 맞추다

남의 기분을 맞추기 위해 말이나 행동을 하다.

07 다음 속담을 활용할 수 있는 상황으로 알맞은 것은?

부뚜막의 소금도 집어넣어야 짜다

부뚜막은 옛날 한옥에 있던 솥을 걸어 놓는 곳으로 요즘의 조리대와 같은 역할을 했다. 부뚜막에 소금이 있어도 솥에 넣지 않으면 음식의 짠맛이 나지 않는다. 이 속담은 아무리 손쉬운 일이라도 힘을 들여 이용하지 않으면 안 된다는 뜻을 나타낸다.

① 자신보다 영어를 잘하는 사람을 시샘한다.
② 나와 가장 친한 친구가 다른 친구에게 내 흉을 본다.
③ 실력이 비슷비슷한 사람들이 자기가 더 낫다고 다툰다.
④ 다른 사람의 말은 무시하고 자신의 말이 맞다고 우긴다.
⑤ 운동을 한다며 집에 운동 기구를 사 놓고 사용하지 않는다.

08~10 다음 글을 읽고, 물음에 답하시오.

수학 도형

　칠교놀이는 칠교판의 조각 7개를 맞추어 여러 가지 형태를 만드는 놀이입니다. '칠교'라는 이름은 조각이 7개라서 붙여진 것입니다. 칠교판의 조각은 큰 삼각형 2개, 중간 크기의 삼각형 1개, 작은 삼각형 2개, 서로 모양이 다른 사각형 2개로 이루어져 있습니다. 이 조각들을 이용하여 사람, 동물, 식물, 건축물 따위의 모양을 1000개 정도 만들 수 있습니다. 칠교놀이는 혼자서 할 수도 있지만 여러 사람이 경쟁하며 할 수도 있습니다. 경쟁할 때는 정해진 시간 안에 상대방이 정한 형태를 7개의 조각을 모두 이용하여 만들어야 이길 수 있습니다.

08 이 글의 핵심 내용을 파악하여 빈칸에 들어갈 알맞은 말을 쓰시오.

{ ☐☐☐☐ 를 하는 방법 }

09 칠교놀이에 대한 설명으로 알맞지 <u>않은</u> 것은? [✎　]

① 혼자서는 할 수 없다.
② 조각을 맞추며 노는 놀이이다.
③ '칠교'라는 이름은 조각의 개수와 관련이 있다.
④ 사람, 동물, 식물 따위의 모양을 만드는 놀이이다.
⑤ 경쟁을 하며 놀 때는 정해진 시간 안에 해야 한다.

10 빈칸에 알맞은 숫자를 쓰시오.

1 칠교판을 이루고 있는 삼각형 조각의 수: ☐개

2 칠교판을 이루고 있는 사각형 조각의 수: ☐개

사회 사회·문화

16 우리나라의 인사법

꿇다

무릎을 구부려 바닥에 대다.

포개다

놓인 것 위에 또 놓다.

컵을 포개어 놓자.

저 신발은 특별해.

특별

뛰어나다	특	特
다르다	별	別

보통과 구별되게 다르다.

방문

찾다	방	訪
묻다	문	問

어떤 사람이나 장소를 찾아가서 만나거나 보다.

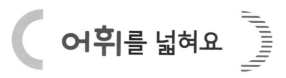

01 빈칸에 들어갈 알맞은 어휘를 쓰시오.

> 신하들이 잘못을 빌기 위해 임금님 앞에 무릎을 ㄲ ㄷ .

[✎   ]

02 빈칸에 공통으로 쓸 수 있는 알맞은 어휘를 골라 ○표를 하시오.

> • 나는 다 읽은 책을 [   ] 책상 위에 쌓아 두었다.
>
> • 엄마가 옷들을 차곡차곡 [   ] 옷장에 넣으셨다.

멈추어   기울여   포개어   더듬어

03 밑줄 그은 말과 뜻이 비슷한 어휘를 골라 ○표를 하시오.

1 무용을 계속한 지나의 춤 실력은 <u>남들과 달랐다.</u>

특별했다 | 평범했다 | 이상했다 | 완성했다

2 그곳은 풍경이 아름다워서 많은 사람들이 <u>방문한다.</u>

관리한다 | 어울린다 | 움직인다 | 찾아간다

04 '특(特)' 자가 들어간 보기의 어휘 중 빈칸에 알맞은 어휘를 골라 쓰시오.

> **보기**
>
> 특기(特技)   특징(特徵)

1 서하는 재미있는 말로 사람들을 웃기는 [   ] 가 있다.

↳ 남이 가지지 못한 특별한 기술이나 기능

2 코알라라는 동물은 잠을 많이 잔다는 [   ] 이 있다.

↳ 다른 것에 비하여 특별히 눈에 뜨이는 점

05 괄호 안에서 알맞은 어휘를 골라 ○표를 하시오.

1 날씨가 추워서 이불을 두 개 [포개어 / 포게어] 덮었다.

2 친구의 집에 [찾아가서 / 찾아가서] 저녁까지 즐겁게 놀았다.

3 할머니께 세배를 드린 뒤 무릎을 [꿀고 / 꿇고] 앉았다.

06 밑줄 그은 부분에 쓸 수 있는 말을 골라 ✓표를 하시오.

- 그는 우리나라에서 기타 연주로 _____.
- 가수가 된 혜리의 노래 실력은 우리 동네에서 _____.

☐ **하루가 다르다**
사물의 변화가 뚜렷하게 드러나다.

☐ **손가락 안에 꼽히다**
어떤 단체나 무리 중에서 몇 되지 않게 특별하다.

☐ **불을 보듯 뻔하다**
앞으로 일어날 일이 의심할 여지가 없이 아주 명백하다.

07 밑줄 그은 부분에 다음 한자 성어가 들어가기에 알맞은 문장은? [✎　　]

삼고초려　　삼(三) 셋　고(顧) 돌아보다　초(草) 풀　려(廬) 오두막집

'오두막집을 세 번이나 돌아보다.'라는 뜻으로, 재주가 뛰어난 사람을 얻으려면 참을성 있게 노력해야 한다는 말이다. 중국 삼국 시대에 유비가 제갈공명을 자신의 신하로 두기 위해 세 번이나 찾아간 것에서 나온 한자 성어이다.

① 두 옷은 겉으로 보기에 _____하여 비슷해 보였다.
② 수지는 수학을 잘해서 수학 문제는 _____ 맞힌다.
③ 선생님은 우리의 엉뚱한 질문에도 _____을 내놓으셨다.
④ 영화감독은 역할에 꼭 맞는 연기자를 _____하여 뽑았다.
⑤ 동생이 길을 못 찾을까 봐 걱정했는데 그것은 _____였다.

08~10 다음 글을 읽고, 물음에 답하시오.   사회 사회·문화

　　우리나라에서는 명절이나 차례 같은 **특별한** 일이 있을 때, 어른들이 계시는 집을 **방문할** 때 큰절을 합니다. 큰절을 하는 방법은 남자와 여자가 서로 다릅니다. 남자는 왼손을 오른손 위에 **포개어** 손을 눈높이까지 올립니다. 그리고 왼쪽 무릎을 먼저 **꿇고** 오른쪽 무릎을 꿇으면서 손을 앞으로 내려 바닥을 짚고 절을 합니다. 절을 마치고 천천히 일어서면서 손을 눈높이까지 올렸다가 내립니다. 여자는 오른손을 왼손 위에 포개어 손을 눈높이까지 올리고 머리를 숙입니다. 그리고 손을 눈높이까지 올린 상태에서 몸을 서서히 낮춰 바닥에 앉은 뒤, 몸을 앞으로 굽히며 머리를 숙였다가 천천히 일어섭니다. 절은 우리나라의 전통 인사법이므로 평소에 절하는 방법을 잘 익혀 두는 것이 좋습니다.

08 이 글의 핵심 내용을 파악하여 빈칸에 들어갈 알맞은 말을 쓰시오.

{ 큰절을 하는 때와, 남자와 여자의 ☐☐ 하는 방법 }

09 남자가 큰절을 할 때 주의해야 할 점이 **아닌** 것은?   [✎   ]

① 왼손을 오른손 위에 올린다.
② 왼쪽 무릎을 먼저 바닥에 꿇는다.
③ 손으로 바닥을 짚으면서 절을 한다.
④ 절을 한 뒤에 바닥에서 재빠르게 일어선다.
⑤ 절을 마친 뒤에 손을 눈높이까지 올렸다 내린다.

10 여자가 큰절을 하는 방법에 알맞은 순서대로 그 기호를 쓰시오.

| ㉠ 오른손을 왼손 위에 포개어 손을 눈높이까지 올린다. | ㉡ 몸을 앞으로 굽히며 머리를 숙였다가 천천히 일어난다. | ㉢ 몸을 서서히 낮춰서 바닥에 앉는다. |

(　　　) → (　　　) → (　　　)

국어 쓰기

17 편지를 써 봐요

안부

편안하다	안 安
아니다	부 否

어떤 사람이 편안하게 잘 지내고 있는지 그렇지 아니한지에 대한 소식

전하다

알리다	전 傳

어떤 사실을 상대에게 알리다.

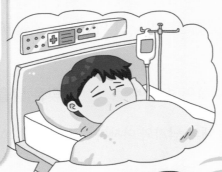

선생님의 안부가 궁금했어.

글의 형식에 따라 쓰고, 내 생각을 넣어서 끝맺으면 되겠지.

형식

모양	형 形
법	식 式

일을 할 때 정하여진 순서나 방법 또는 한 무리의 사물이 공통적으로 갖춘 모양

처음:
가운데:
끝:

끝맺다

일을 마무리하여 하던 일을 끝내다.

어휘를 넓혀요

정답과 해설 22쪽

01 빈칸에 공통으로 들어갈 알맞은 어휘를 쓰시오.

- 나는 매일 내가 한 일을 일기 ㅎ ㅅ 으로 쓴다.
- 사회자는 정해진 ㅎ ㅅ 에 따라 결혼식을 진행했다.

[✎]

02 빈칸에 들어갈 알맞은 어휘끼리 짝 지어진 것은? [✎]

소녀는 엄마의 심부름으로 할머니 댁에 갔다. 소녀는 할머니께 그동안 잘 지내셨냐고 ❶ [　　　　] 를 묻고, 엄마가 보고 싶어 하신다는 말을 ❷ [　　　　].

	❶	❷		❶	❷
①	안부	전했다	②	인사	물었다
③	인사	전했다	④	안부	지냈다
⑤	안부	끝맺었다			

03 밑줄 그은 어휘와 뜻이 비슷하지 <u>않은</u> 어휘를 골라 ○표를 하시오.

연재는 방학 때 여행 갔던 이야기를 <u>끝맺으며</u> 웃었다.

마치며   끝내며   시작하며   마무리하며

04 '안(安)' 자가 들어간 보기 의 어휘 중 빈칸에 알맞은 어휘를 골라 쓰시오.

보기
안심(安心)   편안(便安)

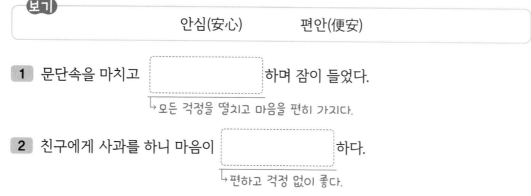

1 문단속을 마치고 [　　　　] 하며 잠이 들었다.
└ 모든 걱정을 떨치고 마음을 편히 가지다.

2 친구에게 사과를 하니 마음이 [　　　　] 하다.
└ 편하고 걱정 없이 좋다.

05 보기와 같은 짜임으로 이루어진 어휘가 아닌 것은? [✎   ]

> **보기**
>
> | 끝 | + | 맺다 | → | 끝맺다 |
>
> 실제 의미가 있는 '끝'과 '맺다'가 합쳐져 '끝맺다'라는 어휘가 되었다.

① 꿈꾸다
② 앞서다
③ 치우다
④ 꽃피다
⑤ 손들다

06 밑줄 그은 어휘의 뜻을 보기에서 골라 그 기호를 쓰시오.

> **보기**
>
> 전하다
>
> ㉠ 어떤 것을 상대에게 옮기어 주다.
>   예 선물을 친구에게 전하다.
> ㉡ 어떤 사실을 상대에게 알리다.
>   예 엄마가 기쁜 소식을 우리에게 전했다.
> ㉢ 남기어 물려주다.
>   예 우리의 한복을 후손들에게 전하고 싶다.

1 사람들에게 마실 물을 전했다. (   )

2 친구에게 고맙다는 말을 전하고 싶다. (   )

3 조상들이 남긴 전통을 후손들에게 전하다. (   )

07 밑줄 그은 부분에 쓸 수 있는 말로 알맞은 것은? [✎   ]

> 엄마: 우주야, 아직도 퍼즐을 맞추고 있니?
> 우주: 네, 엄마 거의 다 끝났어요.
> 엄마: 네가 끝나간다고 말한 지 벌써 세 시간이나 지났어. 넌 한 가지 일을 시작하면
> _____.

① 끝을 보다
② 눈치를 보다
③ 자리를 보다
④ 뜨거운 맛을 보다
⑤ 색안경을 끼고 보다

08~10 다음 글을 읽고, 물음에 답하시오.

국어 쓰기

우리는 편지를 보내서 상대에게 마음을 전합니다. 편지를 쓸 때에는 안부, 축하, 칭찬, 위로, 미안함과 같이 전하고 싶은 생각이나 느낌을 자세히 표현합니다. 또한 편지의 기본 형식을 지켜서 써야 합니다. 편지의 처음에는 받을 사람을 쓰고, 첫인사를 씁니다. 그리고 전하고 싶은 말과 끝인사를 쓴 후에 쓴 날짜와 쓴 사람을 쓰고 편지를 끝맺습니다.

받을 사람 ┄┄┄┄	민주에게
첫인사 ┄┄┄┄	민주야, 안녕?
㉠ 전하고 싶은 말 ┄┄┄┄	어제 미술 시간에 색연필을 빌려줘서 정말 고마웠어. 색연필을 집에 두고 와서 곤란했거든. 나도 다음에 꼭 너를 도와줄게.
끝인사 ┄┄┄┄	그럼 안녕.
쓴 날짜 ┄┄┄┄	20○○년 ○월 ○일
쓴 사람 ┄┄┄┄	•친구 태오가

08 이 글의 핵심 내용을 파악하여 빈칸에 들어갈 알맞은 말을 쓰시오.

{ ☐☐를 쓰는 방법과 편지의 기본 형식 }

09 편지를 쓰는 방법으로 알맞은 것에 ○표, 틀린 것에 ✕표를 하시오.

1 받는 사람에게 전하고 싶은 내용을 쓴다. (   )

2 처음 부분에 받을 사람과 첫인사를 적는다. (   )

3 받는 사람이 편지를 받을 날짜를 쓰고 마무리한다. (   )

10 ㉠에서 태오가 민주에게 전하고 싶은 마음으로 알맞은 것은? [✎   ]

① 아쉬운 마음 ② 고마운 마음 ③ 미안한 마음
④ 축하하는 마음 ⑤ 위로하는 마음

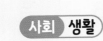

사회 **생활**

18 손을 깨끗이 씻자

곪다

상처에 염증이 생겨 고름이 생기게 되다.

전염되다

전하다	전 傳
옮다	염 染

병이 남에게 옮다.

감기에 전염되겠군.

지글

지글

익다

고기나 채소, 곡식 따위의 날것이 뜨거운 열을 받아 그 성질과 맛이 달라지다.

앗, 적이 침입한다!

침입

쳐들어가다	침 侵
들어오다	입 入

쳐들어가거나 쳐들어오다.

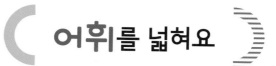

01 빈칸에 공통으로 들어갈 알맞은 어휘를 쓰시오.

- 숯불에 고기가 알맞게 ㅇ ㄷ.
- 할머니께서 보내 주신 고구마가 먹기 좋게 ㅇ ㄷ.

[✎　　　　]

02 빈칸에 들어갈 알맞은 어휘를 쓰시오.

장미꽃을 만지다 가시에 찔려서 상처가 나고 ㄱ ㄷ.

ㄴ→ 상처에 염증이 생겨 고름이 생기게 되다.

[✎　　　　]

03 밑줄 그은 어휘와 뜻이 비슷한 어휘를 골라 ○표를 하시오.

친구에게 감기가 <u>전염되어</u> 나도 기침이 난다.

| 옮아 | 맴돌아 | 물리쳐 | 반복되어 |

04 빈칸에 '침입하다'를 쓸 수 없는 문장의 기호를 쓰시오.

㉠ 도둑이 은행에 　　　　　.

㉡ 병원에서는 병균을 막기 위해 철저하게 　　　　　.

㉢ 조선 시대에는 이웃 나라들이 조선을 자주 　　　　　.

[✎　　　　]

어법+표현 다져요

05 밑줄 그은 어휘의 뜻을 보기에서 골라 그 기호를 쓰시오.

> **보기**
>
> **익다**
>
> ㉠ 열매나 씨가 여물다.
>   **예** 딸기가 빨갛게 잘 익었다.
> ㉡ 고기나 채소, 곡식 따위의 날것이 뜨거운 열을 받아 그 성질과 맛이 달라지다.
>   **예** 불 위에 생선을 구웠더니 알맞게 익었다.

1 가을 햇볕에 벼가 잘 익었다. (　　　)

2 옥수수를 삶았더니 먹기 좋게 잘 익었다. (　　　)

06 보기를 보고, 빈칸에 알맞은 어휘를 쓰시오.

> **보기**
>
> **날-** 　이 말이 붙으면 '말리거나 익히지 않은'이라는 뜻이 더해진다.　**예** 날것

1 [ㄴ][ㄱ][ㄱ] 는 꼭 익혀서 먹어야 안전하다.
　　└ 말리거나 익히지 않은 고기
　　　　　　　　　　　　　　　　　　　　[✎　　　]

2 김치를 담근 지 얼마 되지 않아 [ㄴ][ㄱ][ㅊ] 맛이 난다.
　　　　　　　　　　　└ 아직 익지 않은 김치
　　　　　　　　　　　　　　　　　　　　[✎　　　]

07 다음 한자 성어를 사용하여 말하기에 알맞은 사람은?　[✎　　　]

> **동병상련**　동(同) 같다 병(病) 병 상(相) 서로 련(憐) 불쌍히 여기다
>
> 　같은 병을 앓는 사람끼리 서로 가엾게 여긴다는 뜻으로, 어려운 처지에 있는 사람끼리 서로 가엾게 여기는 상황에서 쓸 수 있다.

① 주미: 나도 이번 시험을 못 봤는데 너도 마찬가지구나.

② 지우: 준비를 열심히 해서 피아노 연주회에서 잘 해야지.

③ 희수: 나는 냄새만 맡으면 무슨 음식인지 다 맞출 수 있어.

④ 설아: 나보다 잘 못하던 내 친구의 줄넘기 실력이 많이 늘었어.

⑤ 유미: 지금은 이 문제를 풀기 어렵지만 꾸준히 노력하면 잘할 수 있을 거야.

08~10 다음 글을 읽고, 물음에 답하시오. 〔사회〕 〔생활〕

우리는 왜 병에 걸리는 것일까요? 병균이 코나 입으로 직접 우리 몸에 **침입하기도** 하고, 병균이 묻은 손을 눈이나 코, 입에 대어 **전염되기** 때문입니다. 특히 손은 병균을 우리 몸의 이곳저곳으로 옮길 수 있습니다. 그래서 음식을 만들기 전, 화장실에 다녀온 후, 외출에서 돌아온 후, 동물을 만진 후, 돈을 만진 후에는 반드시 손을 씻어야 합니다. 또한 피부에 난 상처에는 많은 병균들이 있습니다. 그래서 손에 상처가 나거나 **곪았을** 때에는 되도록 음식을 만들면 안 됩니다. 손에 있는 병균들이 음식물로 옮겨 가기 때문입니다. 오래된 음식이나 **익지** 않은 음식에도 병균이 생길 수 있으므로 음식의 상태를 잘 살펴보아야 합니다.

08 이 글의 핵심 내용을 파악하여 빈칸에 들어갈 알맞은 말을 쓰시오.

{ ☐☐ 을 막아 병에 걸리지 않는 방법 }

09 병균을 우리 몸 이곳저곳으로 옮기기 쉬운 신체 부위에 ○표를 하시오.

머리   눈   입   손

10 손을 씻어야 하는 상황이 아닌 것은? 〔✎   〕

① 돈을 만졌다.
② 동물을 만졌다.
③ 화장실에 다녀왔다.
④ 곪은 상처가 다 나았다.
⑤ 밖에 나갔다가 돌아왔다.

과학 물질

19 물에 녹아요

짙다

빛깔이 보통 정도보다 강하다.

묽다

물감이나 약 따위에 섞여야 할 물의 양이 지나치게 많다.

짙은 빨강색으로 칠해야지.

물감을 묽게 풀어야지.

반죽이 너무 질어.

내 반죽은 너무 되다.

밀가루

질다

밥이나 반죽 따위가 되지 않고 물기가 많다.

되다

반죽이나 밥 따위가 물기가 적어 보드라운 맛이 없다.

어휘를 넓혀요

정답과 해설 24쪽

01 빈칸에 들어갈 알맞은 어휘를 골라 ○표를 하시오.

> 은지: 하늘 부분을 칠하려고 파란색과 흰색을 섞어 하늘색 물감을 만들었어.
> 예지: 그런데 색깔이 너무 흐린 것 같아.
> 은지: 하늘색을 너무 [   ] 만들었나 봐. 파란색 물감을 더 넣어야겠다.

| 짙게 | 묽게 | 두껍게 | 진하게 |

02 밑줄 그은 어휘와 뜻이 반대인 어휘를 골라 ○표를 하시오.

> 나는 옅은 분홍색 바지를 좋아한다.

| 예쁜 | 많은 | 강한 | 짙은 |

03 밑줄 그은 말과 뜻이 비슷한 어휘에 ○표를 하시오.

1 밥이 물기가 적어서 빡빡하다.
　　↳ 적다 | 되다 | 세다

2 할머니께서 지은 밥은 죽처럼 물기가 많다.
　　　　　　　　　↳ 질다 | 연하다 | 부드럽다

04 빈칸에 쓸 수 있는 어휘를 [보기]에서 골라 쓰시오.

> **보기**
> 짙다　　되다　　질다

1 내 머리카락은 남들보다 색깔이 [   ].

2 물을 적게 넣어서 빵 반죽이 너무 [   ].

3 밥을 지을 때 물을 너무 많이 넣었더니 밥이 [   ].

어법+표현 다져요

05 빈칸에 들어갈 알맞은 어휘를 **보기**에서 골라 쓰시오.

보기

짙다   빛깔이 보통 정도보다 강하다.

짖다   개가 크게 소리 내다.

짓다   재료를 들여 밥이나 옷, 집 등을 만들다.

➡ '짙다, 짖다, 짓다'는 모두 [짇따]와 같은 소리가 나지만 받침과 뜻이 다릅니다.

1   어제부터 옆집 개가 시끄럽게 ⬚ .

2   엄마가 우리 가족이 먹을 밥을 ⬚ .

3   우리 집 지붕은 멀리서도 쉽게 보일 정도로 색깔이 ⬚ .

06 다음 문장에서 밑줄 그은 어휘를 바르게 고쳐 쓰시오.

1   쌀에 콩을 <u>서꺼</u> 밥을 했다.   ➡ ⬚

2   이 운동화는 색깔이 <u>엳다</u>.   ➡ ⬚

3   물을 많이 넣었더니 물감이 <u>묵다</u>.   ➡ ⬚

07 밑줄 그은 말의 뜻으로 알맞은 것은?   [✎   ]

도아: 나 줄넘기 좀 빌려줄래? 오늘 준비물을 깜빡 잊고 안 가져왔어.
은비: 그래, 내 것을 빌려줄게.
도아: 색깔이 마음에 안 드는데. 이것 말고 파란색 줄넘기는 없니?
은비: 네가 지금 <u>찬밥 더운밥 가릴</u> 상황이니? 마음에 안 들면 다른 사람에게 빌려.

① 정신 못 차리게 몹시 바쁘다.
② 몹시 창피를 당하거나 기가 죽다.
③ 돌아오는 몫이나 이득이 아무것도 없다.
④ 어려운 상황에 있으면서 아쉬운 소리를 한다.
⑤ 어떠한 어려움이나 위험도 무릅쓰고 일을 하다.

08~10 다음 글을 읽고, 물음에 답하시오. 과학 물질

부엌에 있는 재료들을 물에 넣으면 어떻게 될까요? 흑설탕을 물에 넣으면 흑설탕은 물에 녹아서 눈에 보이지 않게 됩니다. 흑설탕이 눈에 보이지 않을 정도로 작은 알갱이로 쪼개져서 물속에 골고루 퍼진 것입니다. 흑설탕을 녹인 물은 진하기에 따라 단맛의 정도가 다릅니다. 물이 묽으면 덜 달고, 물이 진하면 많이 답니다. 흑설탕을 녹인 물처럼 색깔이 있는 것은 색깔로도 진하기를 알 수 있습니다. 물의 색깔이 옅으면 묽고, 짙으면 진합니다. 부엌에 있는 재료 중에는 물에 녹지 않는 것도 많습니다. 밀가루는 물에 넣으면 녹지 않고 끈적끈적해집니다. 밀가루에 물을 부어 밀가루 반죽을 만드는데, 밀가루에 물을 적게 섞으면 반죽이 되고, 물을 많이 섞으면 반죽이 질어집니다.

08 이 글의 핵심 내용을 파악하여 빈칸에 들어갈 알맞은 말을 쓰시오.

⎰ ☐ 에 녹는 재료와 안 녹는 재료 ⎱

09 흑설탕을 녹인 물의 진하기를 알 수 있는 방법은? [✎]

① 물의 양
② 물의 색깔
③ 물의 종류
④ 흑설탕의 알갱이 크기
⑤ 물에 녹지 않고 남은 물질의 양

10 반죽을 할 때, 물의 양과 반죽의 상태를 선으로 바르게 이으시오.

1 물을 적게 넣는다. •   • ㉠ 반죽이 질게 된다.

2 물을 많이 넣는다. •   • ㉡ 반죽이 되게 된다.

20 물건을 다시 써요

재활용

다시	재	再
살다	활	活
쓰다	용	用

못 쓰게 된 것을 용도를 바꾸거나 새로운 것으로 만들어서 다시 쓰다.

일회용품

하나	일	一
번	회	回
쓰다	용	用
물건	품	品

한 번만 쓰고 버리도록 되어 있는 물건

일회용품은 재활용이 안 됩니다.

종이팩　페트　플라스틱　유리

상표가 있어 불편하네. 떼어야지.

불편

아니다	불	不
편하다	편	便

어떤 것을 사용하거나 이용하는 것이 자연스럽지 못하거나 괴롭다.

탁

떼다

붙어 있거나 잇닿은 것을 떨어지게 하다.

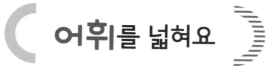

01 빈칸에 들어갈 알맞은 어휘를 쓰시오.

> 진교: 종이컵과 나무젓가락은 한 번 쓰고 버리는 **❶** ⬚ ㅇ ㅎ ㅇ ㅍ 이야. 이런
> 물건들을 쓰면 편리하기는 하지만 쓰레기가 많아져.
>
> 은우: 그럼 안 써야겠다. 가지고 다니기 **❷** ⬚ ㅂ ㅍ 하지만 씻어서 계속 쓸 수 있는
> 컵과 수저를 이용해야겠어.

❶ [✎   ]   **❷** [✎   ]

02 밑줄 그은 어휘와 뜻이 반대인 어휘를 골라 ○표를 하시오.

> 나는 오늘 할 일을 종이에 적어 책상에 <u>붙인다</u>.

| 댄다 | 든다 | 뗀다 | 접는다 |

03 밑줄 그은 말과 뜻이 비슷한 어휘로 알맞은 것은?   [✎   ]

> 아라: 엄마, 왜 종이하고 생선 가시하고 따로따로 버리는 거예요?
> 엄마: 종이는 <u>다시 쓸 수 있기</u> 때문에 다시 못 쓰는 쓰레기와 따로 버려야 한단다.

① 찢기   ② 자르기   ③ 버리기
④ 이용하기   ⑤ 재활용하기

04 '품(品)' 자가 들어간 보기 의 어휘 중 빈칸에 알맞은 어휘를 골라 쓰시오.

> **보기**
>
> 상품(賞品)   귀중품(貴重品)

1 옛날에는 황소를 [   ] 으로 걸고 씨름 대회를 열었다.
    ↳ 상으로 주는 물품

2 수영장에 들어가기 전에 [   ] 은 금고 속에 잘 보관하였다.
    ↳ 귀중한 물건

어법＋표현 다져요

05 **보기**를 보고, 괄호 안에서 알맞은 어휘를 골라 ○표를 하시오.

> **보기**
>
> **붙이다**   맞닿아 떨어지지 않게 하다.
>   **예** 교실에 우리가 그린 그림을 붙이다.
>
> **부치다**   편지나 물건 따위를 일정한 수단이나 방법을 써서 상대에게로 보내다.
>   **예** 짐을 외국으로 부치다.

1 벽에 사진을 (붙이다 ┃ 부치다).

2 부모님께 편지를 써서 집으로 (붙이다 ┃ 부치다).

06 '안'과 '못'에 대한 설명을 보고 괄호 안에서 알맞은 말을 골라 ○표를 하시오.

배가 고프지 않아서 밥을 <u>안</u> 먹었다.	시간이 없어서 밥을 <u>못</u> 먹었다.
'안'은 자신의 마음에 따라 행동하지 않은 경우에 씁니다.	'못'은 자신이 그 일을 할 능력이 없거나 다른 이유로 하지 못할 때 씁니다.

1 바깥이 너무 시끄러워서 잠을 (안 ┃ 못) 잤다.

2 공책이 예뻤지만 아직은 필요하지 않아 (안 ┃ 못) 샀다.

3 친구들과 놀고 싶어서 숙제를 (안 ┃ 못) 하고 밖으로 나갔다.

07 밑줄 그은 속담을 사용할 상황으로 알맞은 것은?   [ ]

> '당상'은 조선 시대에 아주 높은 벼슬자리를 뜻하는 말이었다. 당상이 되면 금으로 된 장신구를 할 수 있었다. 이 장신구는 당상만 달 수 있었기 때문에 장신구를 떼어 놓아도 다른 사람이 가져갈 수 없었다. 그래서 당상이 이 장신구를 떼어 놓더라도 잃어버리지 않았다. 그래서 "떼어 놓은 당상"이라는 속담은 일이 확실하여 틀림없다는 뜻을 지니게 되었다.

① 책을 많이 샀는데 한 권도 읽지 않았다.

② 오랜만에 박물관에 갔는데 박물관이 문을 닫았다.

③ 달리기를 잘하는데 이번에는 달리다가 중간에 넘어졌다.

④ 무거운 물건을 들고 가는데 친구가 나타나 도와주겠다고 하였다.

⑤ 태권도 대회에 나가면 항상 상을 탔는데 또 태권도 대회에 나가게 되었다.

08~10 다음 글을 보고, 물음에 답하시오.   사회 환경

다 쓴 물품을 다시 쓸 수 있게 만드는 것을 '재활용'이라고 합니다. 재활용을 할 때에는 다음과 같은 점에 주의해야 합니다.

• 재활용할 수 있는 물건들은 따로 모읍니다.
• 재활용할 물건에 묻은 더러운 것들은 깨끗하게 씻어냅니다.
• 재활용할 물건의 겉에 붙어 있는 상표는 떼어 냅니다.
• 일회용품은 재활용하지 않고 쓰레기로 버립니다.
• 재활용품은 정해진 날짜와 장소에 내놓습니다.

재활용품을 따로 모으는 일은 힘이 들고 불편한 일입니다. 하지만 환경을 보호하고 물건을 아끼는 일이므로, 우리 모두 노력해야 하는 일이기도 합니다.

08 이 글의 핵심 내용을 파악하여 빈칸에 들어갈 알맞은 말을 쓰시오.

{ ☐☐☐ 을 할 때 주의할 점 }

09 재활용을 하기 위해 주의해야 할 점으로 알맞지 <u>않은</u> 것은?   [✎   ]

① 재활용할 물건을 따로 모은다.
② 재활용할 물건의 상표를 뗀다.
③ 재활용할 물건을 깨끗이 씻는다.
④ 정해진 날짜와 장소에 재활용품을 내놓는다.
⑤ 일회용품도 재활용할 수 있도록 따로 모은다.

10 재활용을 하면 좋은 이유로 알맞은 것은?   [✎   ]

① 일회용품이 늘어나서
② 환경을 지킬 수 있어서
③ 사람의 힘이 덜 들어서
④ 쓰레기를 쉽게 버릴 수 있어서
⑤ 새 물건을 많이 사용할 수 있어서

1-4 뜻에 알맞은 어휘를 보기 에서 골라 쓰시오.

보기

곪다 　 낭송 　 따위 　 익다

1 ☐☐ : 크게 소리를 내어 글을 읽거나 외다.

2 ☐☐ : 상처에 염증이 생겨 고름이 생기게 되다.

3 ☐☐ : 앞에 나온 종류의 것들이 죽 나열되어 있음을 나타내는 말

4 ☐☐ : 고기나 채소, 곡식 따위의 날것이 뜨거운 열을 받아 그 성질과 맛이 달라지다.

5 밑줄 그은 어휘의 뜻으로 알맞은 것을 골라 선으로 이으시오.

1 　 부모님과 할아버지 댁에 <u>방문했다</u>. ・

2 　 삼촌은 농장에서 기르는 동물들을 <u>관리하는</u> 일을 한다. ・

・ ㉠ 어떤 사람이나 장소를 찾아가서 만나거나 보다.

・ ㉡ 사람의 몸이나 동물, 식물 따위를 보살펴 돌보다.

6 어휘의 뜻이 맞으면 ○표, 틀리면 ✕표를 하시오.

1 매섭다 　뜻 정도가 매우 심하다. [✎]

2 전염되다 　뜻 병이 남에게 옮다. [✎]

3 무렵 　뜻 대략 어떤 시기와 같은 때 [✎]

4 포개다 　뜻 서로 나누어 떨어지게 하다. [✎]

5 더듬다 　뜻 말을 하거나 글을 읽을 때 잘 나오지 않고 자꾸 막히다. [✎]

7 빈칸에 들어갈 알맞은 어휘를 골라 ○표를 하시오.

> 민지는 용돈이 부족해서 옷을 사고 싶은 마음을 ⬚⬚⬚⬚.

| 찾았다 | 정했다 | 자제했다 |

8 어휘의 뜻에 맞는 말을 괄호 안에서 골라 ○표를 하시오.

1 실외　뜻 방이나 건물 따위의 (밖 | 안)

2 서늘하다　뜻 무엇의 온도나 기온이 꽤 (찬 | 뜨거운) 느낌이 있다.

3 묽다　뜻 물감이나 약 따위에 섞어야 할 물의 양이 지나치게 (적다 | 많다).

4 균형　뜻 어느 한쪽으로 기울거나 치우치지 않고 (평평한 | 울퉁불퉁한) 상태

9-12 왼쪽 어휘와 뜻이 비슷한 어휘를 골라 ✓표를 하시오.

9 연약하다　☐ 약하다　☐ 연하다　☐ 강하다

10 측정하다　☐ 재다　☐ 자르다　☐ 정하다

11 중요하다　☐ 하찮다　☐ 적절하다　☐ 귀중하다

12 대출하다　☐ 맞추다　☐ 빌리다　☐ 물리치다

13 문장에 알맞은 어휘를 골라 ✓표를 하시오.

1 날씨가 시원해져서 운동을 하는 ☐ 횟수 ☐ 쓰임새 를 늘렸다.

2 지나치게 많이 먹는 습관은 건강을 ☐ 해칠 ☐ 불편할 수 있다.

14-15 밑줄 그은 어휘와 바꾸어 쓸 수 <u>없는</u> 것을 골라 ✓표를 하시오.

14

> 이 상자는 동그란 <u>형태</u>이다.

☐ 모양   ☐ 단위   ☐ 생김새

15

> 내가 생일 선물로 <u>바라는</u> 것은 자전거이다.

☐ 전하는   ☐ 원하는   ☐ 희망하는

16 밑줄 그은 어휘가 문장에 어울리지 <u>않는</u> 것은?   [✎   ]

① 쥐의 <u>친척</u>은 뱀이다.
② 할아버지께 <u>안부</u> 전화를 드렸다.
③ 동호는 아침마다 걷는 <u>습관</u>이 있다.
④ 비가 많이 와서 논밭이 물에 <u>잠기다</u>.
⑤ 자연을 보호하기 위해 <u>일회용품</u> 사용을 자제합시다.

17 어휘의 뜻을 보기 에서 골라 사다리를 타서 도착한 빈칸에 쓰시오.

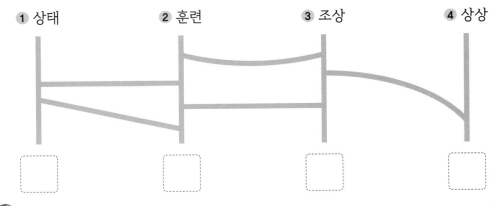

❶ 상태   ❷ 훈련   ❸ 조상   ❹ 상상

보기
㉠ 가르쳐서 익히게 하다.
㉡ 지금 사람들보다 먼저 산 사람
㉢ 사물이 처해 있는 현재의 모양 또는 형편
㉣ 실제로 경험하지 않은 일이나 사물을 마음속으로 그려 보다.

관용어 · 속담 · 한자 성어

18 관용어 설명에서 빈칸에 들어갈 알맞은 말을 골라 ○표를 하시오.

> [　　　　　]이 묶이다
>
> 이 관용어는 '몸을 움직일 수 없거나 활동할 수 없는 형편이 되다.'라는 뜻이다. 태풍으로 인해 밖으로 나가지 못하는 상황이나 중요하게 해야 할 일이 있어 다른 일을 하지 못하는 상황 등에서 사용할 수 있는 말이다.

눈　　　　　　　발　　　　　　　머리

19 속담 설명에서 빈칸에 들어갈 알맞은 말을 골라 ○표를 하시오.

> ### 세 살 적 버릇이 여든까지 간다
>
> '세살'은 어렸을 때를 말하고, '여든'은 80살을 뜻하므로 늙었을 때를 말한다. 이 속담은 어릴 때 생긴 버릇이 늙을 때까지 쭉 이어진다는 뜻이다. 한 번 생긴 버릇은 나이가 들어서 고치고 싶어도 쉽게 고쳐지지 않는다. 그러므로 어려서부터 [　　　　　]이 들지 않도록 조심해야 한다.

좋은 버릇　　　　　나쁜 버릇　　　　　흔한 버릇

20 한자 성어 설명에서 빈칸에 공통으로 들어갈 알맞은 말을 쓰시오.

이구동성	'입은 다르나 목소리는 [　　　　].'라는 말입니다. 여기서 '입'은 '사람'의 의미로 쓰여서 '이구동성'은 '여러 사람의 말이 모두 [　　　　].'라는 뜻입니다. 사람들의 의견이나 뜻이 하나로 모아질 때 사용합니다.
다르다　　　이(異) 입　　　　구(口) 같다　　　동(同) 소리　　　성(聲)	

[✎　　　　　]

1-4 뜻에 알맞은 어휘를 보기에서 골라 쓰시오.

보기
보온　오염　청결　굳다

1 [　][　] : 맑고 깨끗하다.

2 [　][　] : 더럽게 물들다.

3 [　] : 단단하지 않은 것이 단단하게 되다.

4 [　][　] : 주위의 온도에 관계없이 일정한 온도를 계속 지니고 있다.

5 어휘의 뜻이 맞으면 ○표, 틀리면 ✕표를 하시오.

　1　맨발　뜻 아무것도 신지 않은 발　[✎　]

　2　끝맺다　뜻 일을 마무리하여 하던 일을 끝내다.　[✎　]

　3　질다　뜻 밥이나 반죽 따위가 되지 않고 물기가 많다.　[✎　]

　4　손쉽다　뜻 어떤 것을 다루거나 어떤 일을 하기가 까다롭거나 힘들다.　[✎　]

6 뜻에 맞는 어휘를 네모 칸에서 찾아 표시하시오.

뜻
예 도로 돌려주다.
① 쳐들어가거나 쳐들어오다.
② 물건이 쓰이는 곳이나 정도
③ 앞으로 일어날 일을 미리 알리다.

반	납	대	출
성	쓰	임	새
예	침	관	방
보	입	리	문

7 어휘의 뜻에 맞는 말을 괄호 안에서 골라 ○표를 하시오.

1 신체 뜻 (사람 | 동물)의 몸

2 짙다 뜻 빛깔이 보통 정도보다 (약하다 | 강하다).

3 꿇다 뜻 (무릎 | 목)을 구부려 바닥에 대다.

4 되다 뜻 반죽이나 밥 따위가 물기가 (적어 | 많아) 보드라운 맛이 없다.

8 밑줄 그은 어휘의 뜻으로 알맞은 것을 골라 선으로 이으시오.

1 요리사가 요리 <u>과정</u>을 쉽게 설명해 주었다.

ⓐ 어떤 일이 되어 가는 차례

2 외국인에게 박물관으로 가는 <u>방향</u>을 알려 주었다.

ⓑ 어떤 곳을 향하거나 나아가는 쪽

9 문장에 알맞은 어휘를 골라 ✔표를 하시오.

1 벽에 붙은 스티커를
☐ 떼다.
☐ 해치다.

2 비가 많이 오는 날에는 미끄러지지 않게 ☐ 자제해야 ☐ 주의해야 한다.

10 밑줄 그은 어휘가 문장에 어울리지 <u>않는</u> 것은? [✎   ]

① 어려운 문제를 <u>침착하게</u> 풀었다.
② 여름이 오자 산이 푸른빛을 <u>측정하다</u>.
③ 나는 <u>자신감</u> 있게 큰 목소리로 발표를 했다.
④ 지수는 내가 줄넘기를 잘하는 것을 <u>시샘했다</u>.
⑤ 곡식이 잘 자라기 위해서는 땅에 <u>거름</u>을 잘 주어야 한다.

11 괄호 안에 들어갈 알맞은 어휘를 골라 선으로 이으시오.

1 생수병을 깨끗이 씻어서 (　　　)하다. •

2 방학 숙제를 물어보기 위해 친구와 (　　　)했다. •

3 주말에 양을 (　　　)하는 목장으로 체험을 갔다. •

• ㉠ 통화

• ㉡ 사육

• ㉢ 재활용

12-15 왼쪽 어휘와 뜻이 반대인 어휘를 골라 ✓표를 하시오.

12 긍정 ☐ 동의　☐ 인정　☐ 부정

13 두껍다 ☐ 크다　☐ 얇다　☐ 도톰하다

14 불편하다 ☐ 편하다　☐ 괴롭다　☐ 아프다

15 특별하다 ☐ 다르다　☐ 평범하다　☐ 특이하다

16-17 밑줄 그은 어휘와 바꾸어 쓸 수 있는 것을 골라 ✓표를 하시오.

16 감기가 아이들에게 전염되지 않도록 조심하세요.

☐ 옮지　☐ 움직이지　☐ 궁금하지

17 도서관 이용 시간은 오전 9시부터 오후 5시까지입니다.

☐ 형식　☐ 사용　☐ 일정

관용어 · 속담 · 한자 성어

18 관용어 설명에서 빈칸에 공통으로 들어갈 알맞은 어휘를 쓰시오.

> '손에 [　　　　　]을 쥐다'라는 관용어는 '아슬아슬하여 마음이 조마조마하도록 몹시 애달다.'라는 뜻이다.
>
> → 예 친척들과 다같이 모여 손에 [　　　　　]을 쥐며 축구 결승전을 보았다.

[✎　　　　　]

19 속담의 교훈을 떠올리며 빈칸에 들어갈 알맞은 말을 골라 ○표를 하시오.

> ### 낮말은 새가 듣고 밤말은 쥐가 듣는다
>
> '낮말'은 낮에 하는 말이고, '밤말'은 밤에 하는 말을 뜻한다. 이 속담은 아무리 비밀스럽게 말을 한다고 해도 결국은 말이 퍼져서 문제가 생긴다는 말이다. 우리는 이 속담을 통해 '아무도 안 듣는 데서라도 [　　　　　]을 조심해야 한다.'라는 교훈을 얻을 수 있다.

　　말　　　　　　　사람　　　　　　　생각

20 한자 성어 설명에서 빈칸에 들어갈 알맞은 말을 골라 ○표를 하시오.

> | 비일비재 | |
> |---|---|
> | 아니다　비(非) | '하나도 아니고 둘도 아니다'는 뜻으로, '같은 현상이나 일이 한 두 번이나 한둘이 아니고 많다.'를 이르는 말이다. 이 한자 성어는 무엇이 수없이 많은 경우 또는 어떤 일이 [　　　　]해서 일어나는 경우에 사용한다. |
> | 하나　일(一) | |
> | 아니다　비(非) | |
> | 두 번　재(再) | |

　　반복　　　　　　　지루　　　　　　　포기

memo

정답과 해설
QR 코드

완자

공부력

정답과 해설

어휘

초등 전과목

2 A

1-2학년

책 속의 가접 별책 (특허 제 0557442호)

'정답과 해설'은 진도책에서 쉽게 분리할 수 있도록 제작되었으므로
유통 과정에서 분리될 수 있으나 파본이 아닌 정상 제품입니다.

visang

우리는 남다른 상상과 혁신으로
교육 문화의 새로운 전형을 만들어
모든 이의 행복한 경험과 성장에 기여한다

ABOVE IMAGINATION

우리는 남다른 상상과 혁신으로
교육 문화의 새로운 전형을 만들어
모든 이의 행복한 경험과 성장에 기여한다

완자

공부력

초등 전과목
어휘 2A

. . . .

정답과 해설

완자 **공부력** 가이드

완자 공부력 시리즈는
앞으로도 계속 출간될 예정입니다.

국어 맞춤법 바로 쓰기
1~2학년용
4책

쓰기력

전과목 어휘
1~6학년용
12책

전과목 한자 어휘
1~6학년용
12책

영어 파닉스
1~2학년용
2책

영어 영단어
3~6학년용
8책

어휘력

국어 독해
1~6학년용
12책

한국사 독해
인물편
3~6학년용
4책

한국사 독해
시대편
3~6학년용
4책

독해력

수학 계산
1~6학년용
12책

계산력

2

완자 공부력 시리즈로 공부 근육을 키워요!

매일 성장하는
초등 자기개발서
W 완자
공부력

학습의 기초가 되는 읽기, 쓰기, 셈하기와 관련된
공부력을 키워야 여러 교과를 터득하기 쉬워집니다.
또한 어휘력과 독해력, 쓰기력, 계산력을 바탕으로 한
'공부력'은 자기주도 학습으로 상당한 단계까지 올라갈 수
있는 밑바탕이 되어 줍니다. 그래서 매일 꾸준한 학습이
가능한 '**완자 공부력 시리즈**'로 공부하면 **자기주도 학습이**
가능한 튼튼한 공부 근육을 키울 수 있을 것이라 확신합니다.

효과적인 **공부력 강화 계획**을 세워요!

○ 학년별 공부 계획
내 학년에 맞게 꾸준하게 공부 계획을 세워요!

		1-2학년	3-4학년	5-6학년
기본	독해	국어 독해 1A 1B 2A 2B	국어 독해 3A 3B 4A 4B	국어 독해 5A 5B 6A 6B
	계산	수학 계산 1A 1B 2A 2B	수학 계산 3A 3B 4A 4B	수학 계산 5A 5B 6A 6B
	어휘	전과목 어휘 1A 1B 2A 2B	전과목 어휘 3A 3B 4A 4B	전과목 어휘 5A 5B 6A 6B
		파닉스 1 2	영단어 3A 3B 4A 4B	영단어 5A 5B 6A 6B
확장	어휘	전과목 한자 어휘 1A 1B 2A 2B	전과목 한자 어휘 3A 3B 4A 4B	전과목 한자 어휘 5A 5B 6A 6B
	쓰기	맞춤법 바로 쓰기 1A 1B 2A 2B		
	독해			한국사 독해 인물편 1 2 3 4 한국사 독해 시대편 1 2 3 4

○ 시기별 공부 계획

학기 중에는 **기본**, 방학 중에는 **기본 + 확장**으로 공부 계획을 세워요!

방학 중			
학기 중			
기본			확장
독해	계산	어휘	어휘, 쓰기, 독해
국어 독해	수학 계산	전과목 어휘	전과목 한자 어휘
		파닉스(1~2학년) 영단어(3~6학년)	맞춤법 바로 쓰기(1~2학년) 한국사 독해(3~6학년)

예시 초1 학기 중 공부 계획표 주 5일 하루 3과목 (45분)

월	화	수	목	금
국어 독해	국어 독해	국어 독해	국어 독해	국어 독해
수학 계산	수학 계산	수학 계산	수학 계산	수학 계산
전과목 어휘	파닉스	전과목 어휘	전과목 어휘	파닉스

예시 초4 방학 중 공부 계획표 주 5일 하루 4과목 (60분)

월	화	수	목	금
국어 독해	국어 독해	국어 독해	국어 독해	국어 독해
수학 계산	수학 계산	수학 계산	수학 계산	수학 계산
전과목 어휘	영단어	전과목 어휘	전과목 어휘	영단어
한국사 독해 _{인물편}	전과목 한자 어휘	한국사 독해 _{인물편}	전과목 한자 어휘	한국사 독해 _{인물편}

01

꼬리가 필요해

01 ❶ 방향　❷ 보온

02 ☑ 언니는 정해진 [　　　　　]에 맞춰 집에 도착했다.

　　💬 '균형'은 '어느 한쪽으로 기울거나 치우치지 않고 평평한 상태'라는 뜻이므로 '언니는 정해진 [　　　]에 맞춰 집에
　　도착했다.'라는 문장에 들어가기에 알맞지 않다. 빈칸에는 '시간' 또는 '때'라는 어휘가 들어가기에 알맞다.

03 　얇다

　　💬 '얇다'는 두께가 두껍지 않다는 뜻으로 '두껍다'와 반대되는 뜻을 나타내는 어휘이다.
　　　• 작다: 보통 또는 기준에 미치지 못하다. 크지 않다.
　　　• 굵다: 둘레나 부피가 크다.
　　　• 무겁다: 무게가 크다.

04 ❶ 보호　❷ 확보

05 ❶ ㉠　❷ ㉡

06 ❶ (두껍게| 두텁게)　❷ (두껍다 |두텁다)

07 ③ 얼굴이 두껍다

　　💬 부끄러움을 모르고 행동하는 것을 '얼굴이 두껍다'라고 한다.
　　　① 일이 손에 익숙해지다.
　　　② 말이 많거나 아는 이야기를 함부로 옮기다.
　　　④ 어떤 일을 의논하거나 결정하기 위해 서로 마주 대하다.
　　　⑤ 조금도 놀라지 않고 태연하다.

08 동물 [꼬] [리] 의 다양한 역할

　　💬 이 글에서는 여러 동물을 예로 들어 동물 꼬리의 다양한 역할을 설명하고 있다.

09 ① 꼬리로 사냥을 한다.

　　💬 빠르게 달리는 동물들이 사냥감을 쫓아 달릴 때 방향을 바꾸기 위해 꼬리를 이용한다고 했을 뿐 꼬리로 사냥을 한
　　다는 내용은 글에 나오지 않았다.

10 ② 몸의 온도를 지켜 준다.

　　💬 다람쥐는 겨울철에 풍성한 털이 달린 꼬리로 몸을 감싸서 몸의 온도를 지킨다.

01 맨발

02 단위

03 **1** 몸　　**2** 재다

　　1 '몸'은 '사람이나 동물의 머리에서 발까지의 전체'를 뜻하는 말로 '신체'와 뜻이 비슷하다.
　　2 '재다'는 '크기 · 길이 · 양 등을 알아보다.'를 뜻하는 말로 '측정하다'와 뜻이 비슷하다.

04 **1** 자신　　**2** 변신

　　1 '그 사람의 몸 또는 그 사람을 이르는 말'은 '자신'이다.
　　2 '몸의 모양이나 태도 따위를 바꾸다.'를 뜻하는 말은 '변신'이다.

05 **1** 맨바닥　　**2** 맨손

06 **1** 목덜미　　**2** 넓적다리　　**3** 눈꺼풀　　**4** 발뒤꿈치

07 ① 비슷비슷하여 견주어 볼 필요가 없다.

　　엄마는 동생과 동생 친구의 키가 비슷하다고 하시며 '도토리 키 재기'라고 말씀하셨다.
　　② '가재는 게 편'이라는 속담의 뜻이다.
　　③ '티끌 모아 태산'이라는 속담의 뜻이다.
　　④ '길고 짧은 것은 재어 보아야 안다'라는 속담의 뜻이다.
　　⑤ '구슬이 서 말이라도 꿰어야 보배'라는 속담의 뜻이다.

08 건강 검진을 하며 　키　를 잰 일

　　이 글은 수호가 건강 검진을 받은 날에 키를 잰 일과 그때의 수호의 감정을 쓴 글이다.

09 ☑ 내 키가 얼마나 컸는지 궁금해.

　　건강 검진을 받기 전, 수호는 자신의 키가 얼마나 컸는지 궁금해했다.

10 ① 기쁘다.

　　마지막 문장에서 수호는 키가 많이 자란 것을 알고 놀라고 기뻤다고 하였다.

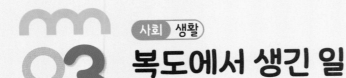
01 침착

02 ㉠

💬 '관리하다'는 '사람의 몸이나 동물, 식물 따위를 보살펴 돌보다.'라는 뜻이므로 ㉠ '자로 공책의 길이를'이라는 말 뒤에 오기는 알맞지 않다. ㉠에는 '재다' 또는 '측정하다'라는 어휘가 들어가기에 알맞다.

03 뜻 어떤 (생각 (행동))을 오랫동안 (떠올리는 (되풀이하는)) 과정에서 저절로 익혀진 행동 방식

04 **1** 관리하다   **2** 적절하다   **3** 침착하다

05 ③ 돌보다 - 보살피다

💬 ③ '돌보다'는 관심을 가지고 보살핀다는 뜻의 어휘이고, '보살피다'는 정성을 기울여 보호하며 돕는다는 뜻이다.

06 **1** 관리   **2** 습관   **3** 침착하게

07 ⑤ 어릴 때 몸에 밴 버릇은 늙어 죽을 때까지 고치기 힘들다.

💬 시우의 엄마는 시우가 지금부터 정리를 안 하면 나중에 커서도 정리를 하지 않을까 봐 걱정하면서 '세 살 적 버릇이 여든까지 간다'는 속담을 사용하였다.
① '닭 쫓던 개 지붕 쳐다보듯'이라는 속담의 뜻이다.
② '방귀 뀐 놈이 성낸다'라는 속담의 뜻이다.
③ '윗물이 맑아야 아랫물이 맑다'라는 속담의 뜻이다.
④ '바늘 도둑이 소도둑 된다'라는 속담의 뜻이다.

08 지호가 복 도 에서 지아와 부딪친 사건

💬 지호가 지아와 부딪쳐 지아가 다친 일이 이 글의 중심 사건이다.

09 ① 차분하다.

💬 지아가 다친 것을 알고 지호는 당황해서 어쩔 줄 몰라 했지만 지아는 침착하게 일어나 지호에게 괜찮다고 말했다.

10 ④ 다음에는 다치지 않도록 내가 뛰어다닐 때 미리 비켜 줘.

💬 지호는 지아에게 사과를 하지 못했으므로 편지에는 지아에게 미안한 마음을 전하는 내용을 담아야 한다.

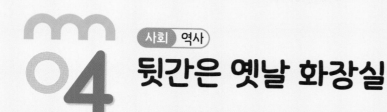

04 · 사회 역사 · 뒷간은 옛날 화장실

01 거름

02 (귀중한)

'귀중하다'는 귀하고 중요하다는 뜻을 지닌 어휘로 '중요하다'와 비슷한 뜻을 지닌 어휘이다.
- 적절하다: 꼭 알맞다.
- 풍성하다: 아주 넉넉하고 만족스럽게 많다.
- 사소하다: 중요하지 않다. 아주 작거나 적다.

03 조상

04 (어리석게)

'어리석다'는 '슬기롭지 못하고 둔하다. 똑똑하지 못하다.'라는 뜻으로 목숨을 구한 토끼의 행동을 설명하기에 알맞지 않다.

05 1 ((지혜롭게) 지혜로께)   2 (지혜롭웠다 (지혜로웠다))   3 (지혜롭운 (지혜로운))

06 ☑ 머리를 모으다

07 ⑤ 잘되면 제 탓 못되면 조상 탓

로희는 자신이 잘못을 하고 엄마를 탓하고 있으므로 일이 안될 때 그 책임을 남에게 돌리는 태도를 나타내는 ⑤가 알맞다.
① 넓은 세상의 형편을 알지 못하는 사람을 이르는 말
② 싫은 일을 억지로 마지못하여 함을 이르는 말
③ 너무 급히 서둘러 일을 하면 잘못하고 실패하게 됨을 이르는 말
④ 강한 자들끼리 싸우는 통에 아무 상관도 없는 약한 자가 중간에 끼어 피해를 입게 됨을 이르는 말

08 똥을 [거] [름] 으로 활용한 조상들의 지혜

이 글은 쓸모없어 보이는 똥을 농사를 지을 때 꼭 필요한 거름으로 활용한 우리 조상들의 지혜를 설명하고 있다.

09 1 ✕   2 ○   3 ○   4 ✕

뒷간에서 모은 똥에 재를 섞으면 똥에서 냄새가 덜 나고 벌레가 꼬이지 않는다.

10 ④ 농사에 필요한 거름을 만들 수 있었다.

우리 조상들은 곡식이 잘 자라게 하려고 거름을 만들었다. 뒷간은 거름의 재료인 똥을 얻을 수 있는 장소였다.

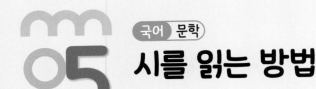

01 ③ 반복해서

02 기르는

▷▷▷ '기르다'는 '동식물을 보살펴 자라게 하다.' 또는 '아이를 보살펴 키우다.'라는 뜻을 지닌 어휘이다.
- 원하다: (무엇을) 바라거나 청하다.
- 희망하다: 어떤 일을 이루거나 얻고자 하다.
- 소원하다: 이루어지기를 바라다.

03 낭송

04 ❶ 상상하다 ❷ 낭송하다 ❸ 반복하다

05 ❶ (바랐다 | 바랬다) ❷ (바라며 | 바래며) ❸ (바라지 | 바래지)

06 ❶ 되풀이하지 ❷ 실제로

07 ⑤ 다람쥐 쳇바퀴 돌듯

▷▷▷ '다람쥐 쳇바퀴 돌듯'은 다람쥐가 쳇바퀴를 돌리면 한군데서 빙빙 돌고 있듯이 앞으로 나아가거나 발전하지 못하고 제자리걸음만 하는 상태를 나타내는 말이다.
① 영업이나 사업 따위가 잘 안되어 한가하다.
② 몹시 욕심을 내거나 관심을 기울인다.
③ 편이 비슷한 것끼리 서로 잘 어울린다.
④ 말이나 이야기 따위를 습관처럼 되풀이하거나 자주 사용한다.

08 시를 낭 송 하는 방법

▷▷▷ 이 대화에서 태주는 시아에게 시를 낭송하는 방법에 대해 질문하였고, 시아는 태주에게 시를 낭송하는 방법에 대해 자세히 알려 주었다.

09 ☑ 분위기에 맞는 높낮이의 목소리로 읽는다.

▷▷▷ 시아는 시의 분위기에 맞는 높낮이와 빠르기로 시를 읽어야 한다고 조언하였다.

10 ① 차분한 목소리로 읽는다.

▷▷▷ 멀리 떠나 만나지 못하는 친구를 그리워하는 내용의 시이므로 차분하고 조용한 목소리와 표정으로 낭송하는 것이 어울린다.

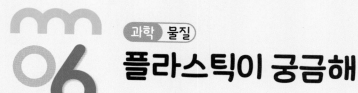

06 [과학] [물질] 플라스틱이 궁금해

01 [뜻] 어떤 것을 다루거나 어떤 일을 하기가 까다롭거나 (쉽지 |(힘들지)) 않다.

02 (쓰임새)

• 몫: 여럿이 나누어 가지거나 맡은 각 부분
• 형태: 사물의 생김새나 모양
• 단위: 길이, 무게, 시간 따위의 수량을 나타낼 때 기초가 되는 일정한 기준

03 ☑ 오늘 날씨는 나들이하기에 ⬚⬚⬚⬚⬚⬚⬚⬚.

04 (굳었다)

'단단하다'는 '어떤 힘을 받아도 쉽게 그 모양이 변하거나 부서지지 않는 상태에 있다.'는 말이다.
• 녹다: (열이나 습기 때문에 굳은 물질이) 무르게 되거나 액체가 되다.
• 끓다: (액체가) 뜨거워져 소리를 내며 거품이 솟아오르다.
• 부서지다: (단단한 것이) 조그만 조각들이 되다.

05 1 생김새   2 모양새

06 1 ㉡   2 ㉠

07 ☑ 누워서 떡 먹기

리사는 도구를 사용해서 뚜껑을 손쉽게 열 수 있다고 하였으므로 하기가 매우 쉬운 것을 뜻하는 '누워서 떡 먹기'가 들어가기에 알맞다.

08 [플][라][스][틱] 의 특징과 쓰임새

이 글에서는 플라스틱의 특징을 설명하며 플라스틱이 우리 주변에서 다양한 물건으로 사용되고 있다고 하였다.

09 ② 전기가 잘 통한다.

플라스틱은 전기가 잘 통하지 않아서 전기 제품에도 사용된다고 하였다.

10 1 열   2 힘

플라스틱에 열과 힘을 주면 플라스틱이 물렁물렁해지고, 이런 플라스틱을 틀에 넣으면 굳어져서 어떤 모양을 가진 물건이 된다고 하였다.

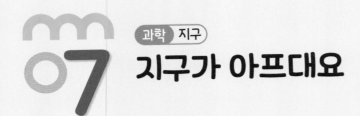

01 오염

02 ㉡

💬 '잠기다'는 '물속에 물건이 넣어지거나 가라앉게 되다.'라는 뜻이므로 ㉡ '수학 문제의 풀이법을 곰곰이'라는 말 뒤에 오기는 알맞지 않다. ㉡에는 '생각하다' 또는 '고민하다'라는 어휘가 들어가기에 알맞다.

03 1 알아내다   2 망치다

04 1 피해   2 공해

05 1 ㉠   2 ㉢   3 ㉡

06 ⑤ 바라다 – 소원하다

💬 '찾다'와 '감추다'는 의미가 반대되는 어휘이다. '바라다'는 '생각이나 바람대로 어떤 일이 이루어지거나 그렇게 되었으면 하고 생각하다.'라는 의미이다. '소원하다'는 '어떤 일이 이루어지기를 바라다.'라는 의미이다.

07 ③ 일의 순서도 모르고 급하게 덤빈다.

💬 '우물에 가 숭늉 찾는다'는 무슨 일이든지 순서와 과정이 있는데 그것을 지키지 않고 성급하게 덤빈다는 의미이다. 수영복도 안 입고, 준비 운동도 안 한 채로 수영장에 들어가겠다고 하는 시우의 상황을 표현하는 데 알맞다.
① '돌다리도 두들겨 보고 건너라'라는 속담의 뜻이다.
② '도토리 키 재기'라는 속담의 뜻이다.
④ '백지장도 맞들면 낫다'라는 속담의 뜻이다.
⑤ '사공이 많으면 배가 산으로 간다'라는 속담의 뜻이다.

08 지 구 의 환경이 나빠진 이유와 우리가 할 일

💬 지구 환경에 대한 자신의 생각을 발표하는 글이다. 발표자는 지구의 환경이 나빠진 이유가 인간들의 행동 때문이라고 말하고, 지구를 지키기 위해 할 일을 찾아 실천해야 한다고 주장하였다.

09 ⑤ 일회용품을 많이 사용하고 있다.

💬 발표자는 지구의 환경이 나빠진 예를 '이상한 일들'이라고 표현하였다. ⑤는 편리하게 생활하기 위해서 우리 인간들이 한 일이다.

10 ☑ 지구의 환경이 나빠지면 인간의 삶도 나빠지기 때문에

💬 발표자는 발표의 마지막 부분에서 지구의 환경과 인간의 삶은 서로 관계가 있으므로 지구의 환경을 지켜야 한다고 주장하였다.

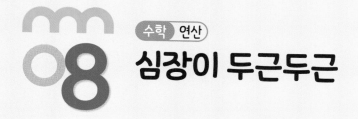
01 상태

02 횟수

💬 • 차례: 어떤 원칙에 따라서 여럿을 하나씩 이어지게 벌여 놓은 것 또는 그렇게 벌여 놓은 것에서 그중의 하나가 차지한 위치나 자리
• 개수: 하나씩 셀 때의 물건의 수
• 종류: 어떤 기준에 따라 여러 가지 사물을 나눈 갈래

03 1 〔 멈추어 / 반복하고 〕 〔 바뀌다 / 적절하다 〕 2 〔 찾고 / 알고 〕 〔 몹시 / 조금 〕

04 1 수학 2 개수

05 1 ㉠ 2 ㉡

06 ⑤ 몸을 움직일 수 없거나 활동할 수 없는 형편이 되다.

💬 ① '눈에 차다'라는 말의 뜻이다.
② '앞뒤가 다르다'라는 말의 뜻이다.
③ '변덕이 죽 끓듯 하다'라는 말의 뜻이다.
④ '앞뒤를 가리지 않다'는 말의 뜻이다.

07 ④ 대나무는 백 년에 한 번 정도 _____ 하게 꽃을 피운다.

💬 '비일비재'는 수없이 많다는 의미인데, ④는 평생에 한 번 정도 볼 수 있는 드문 일을 말하고 있으므로 '비일비재'를 사용하기에 알맞지 않다.

08 코끼리와 강아지의 심장 뛰는 횟수 의 차이

💬 이 글에는 1분 동안 코끼리와 강아지의 심장이 뛰는 횟수가 나와 있다. 그리고 마지막에 1분 동안 강아지의 심장이 코끼리의 심장보다 몇 번이나 더 뛰었는지 묻고 있다.

09 ③ 90   31

💬 이 글에서 몸집이 작은 강아지는 1분 동안 90번, 몸집이 큰 코끼리는 1분 동안 31번 심장이 뛴다고 하였다.

10 풀이 과정 90 − 31 = 59 이므로, 강아지는 코끼리보다 1분 동안 59 번 심장이 더 뜁니다.

💬 강아지의 심장 뛰는 횟수 90에서 코끼리의 심장 뛰는 횟수 31을 빼면 59이다.

본문 40-43쪽

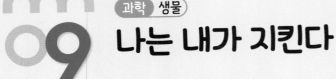

09 과학 생물 **나는 내가 지킨다**

01 천적

02 띠다

　　• 보다: (눈으로 물체를) 알아차리거나 느끼다. (무엇을) 읽거나 감상하다.
　　• 찾다: (누구 또는 무엇을) 발견하거나 알아내려고 뒤지거나 살피다.
　　• 트다: (추위로 살갗이) 갈라지거나, (목재 등이) 갈라지면서 틈이 생기다.

03 1 여려서　　2 그만뒀다

04 1 노약자　　2 약점

05 1 (띠고 / 띄고)　　2 (띠었다 / 띄었다)

06 ③ 하던 일을 그만두다.

　　'손을 떼다'는 어떤 일을 그만두었다는 뜻을 지닌 말이다.
　　① '눈코 뜰 사이 없다'라는 말의 뜻이다.
　　② '코가 꿰이다'라는 말의 뜻이다.
　　④ '눈을 감아 주다'라는 말의 뜻이다.
　　⑤ '발을 뻗다'라는 말의 뜻이다.

07 ⑤ 힘 있는 나라가 힘없고 약한 나라를 침입해서 다스리는 상황

　　'약육강식'은 강한 자가 약한 자를 힘으로 다스린다는 뜻이므로 ⑤처럼 힘 있는 나라가 힘없고 약한 나라를 억지로
　　다스리는 경우에 사용할 수 있다.

08 애 벌 레 가 자신을 지키는 여러 가지 방법

　　이 글에서는 애벌레가 천적으로부터 자신의 몸을 지키는 여러 가지 방법에 대해 설명하고 있다.

09 ③ 움직임이 느려서

　　두 번째 문장에서 애벌레는 연약하고 행동이 느려서 새나 다른 곤충의 손쉬운 먹잇감이 된다고 하였다.

10 1 ㉢　　2 ㉠　　3 ㉡

　　배추흰나비 애벌레는 잎과 몸 색깔이 비슷하여 천적의 눈에 잘 띄지 않고, 호랑나비 애벌레는 고약한 냄새를 내뿜
　　어 천적이 먹기를 포기하게 만든다. 노랑쐐기나방 애벌레는 독이 있는 털로 몸이 덮여 있어 적이 쉽게 다가오지 못
　　한다.

10 동물을 돌보는 직업

본문 44-47쪽

01 훈련

02 ❶ 과정 ❷ 청결

03 기르고

💬 • 혼내다: 심하게 꾸짖다.
• 살펴보다: 자세히 조심하여 보다.
• 지켜보다: (관심이나 주의를 기울여 무엇을) 보다.

04 ❶ 훈련하다 ❷ 사육하다 ❸ 청결하다

05 ㉡

💬 ㉠ 막꼬 → 맑고
㉢ 훌련 → 훈련
㉣ 익키려고 → 익히려고

06 ☑ 첫 단추를 끼우다

07 ④ 공을 차는 방법을 알려 주어도 자꾸 헛발질을 하는 친구에게

💬 공을 차는 방법을 가르쳐 주어도 제대로 알아듣지 못하고 자꾸 헛발질을 하는 친구에게 '쇠귀에 경 읽기'를 사용할 수 있다.

08 동물 사 육 사 가 하는 일

💬 이 글에서는 동물원에서 동물을 돌봐 주는 동물 사육사라는 직업을 소개하며 동물 사육사가 하는 여러 가지 일을 설명하고 있다.

09 ② 아픈 동물을 치료한다.

💬 이 글에서 사육사가 동물에게 먹이를 주고 동물의 집을 청소하는 일을 한다는 내용은 찾아볼 수 있지만, 아픈 동물을 치료한다는 내용은 없다.

10 ⑤ 동물에 관심과 애정을 갖고 공부하기

💬 글의 마지막 부분에서 동물에 대한 관심과 애정을 지녀야 하며 동물에 대해 공부하면 동물 사육사가 될 수 있다고 하였다.

01 (긴장했습니다 | 상상했습니다) (호기심 | 자신감)

02 ② 더듬었다

💬 ① 외우다: (말이나 글을) 머릿속에 기억하다.
③ 반복하다: 같은 일을 되풀이하다.
④ 서두르다: 일을 빨리 하려고 급하게 움직이다.
⑤ 조심하다: 잘못이나 실수가 없게 하려고 정신을 차리고 주의를 하다.

03 부정하며

💬 • 바꾸다: (무엇을 다른 것으로) 되게 하다. 달라지게 하다.
• 수정하다: 잘못된 것을 바르게 고치다.
• 방어하다: 상대의 공격을 막다.

04 1 자동 2 자존심

05 1 (조였다 | 조렸다) 2 (조이다 | 조리다)

06 1 ㉤ 2 ㉠

07 ☑ 손에 땀을 쥐다

💬 축구 경기의 결과가 쉽게 결정되지 않고 우리나라가 이기다가 상대 팀이 따라잡고 다시 우리나라가 이겼으므로 가족들은 마음이 조마조마한 상태에서 경기를 보았을 것이다.

08 환경을 지키는 방법에 대해 발 표 한 일

💬 이 글은 글쓴이가 환경을 보호하는 방법에 대해 발표를 한 날의 일기이다.

09 ② 연습을 많이 해서

💬 글쓴이는 지난 번에 발표할 때 말을 더듬었던 경험이 있어서 이번에는 연습을 많이 했다. 그래서 친구들 앞에서 자신감 있게 발표를 마칠 수 있었다.

10 ☑ 뿌듯하다.

💬 글쓴이는 마지막 문장에서 친구들에게 발표를 잘했다고 박수를 받고 선생님께 칭찬을 들어 뿌듯했다면서 연습을 열심히 한 보람을 느꼈다고 하였다.

12 도서관에 가면

본문 52-55쪽

01 통화

02 ☑ 나는 도서관에서 [빌린] 동화책을 [돌려주려고] 도서관에 갔다.

03 1 반납하다   2 대출하다   3 정하다

> 1 '스키장에서 스키를 빌리고 2시간 후에' 뒤에 이어지는 말로는 '도로 돌려주다'라는 뜻의 '반납하다'가 어울린다.
> 2 '돈이 필요한 사람들은 은행에서 돈을' 뒤에 이어지는 말로는 '돈이나 물건 따위를 빌려주거나 빌리다.'라는 뜻의 '대출하다'가 어울린다.
> 3 '싱가포르에서는 거리에서 껌을 씹으면 안된다고 법으로' 뒤에 이어지는 말로는 '규칙이나 법 따위를 적용하는 범위를 결정하다.'라는 뜻의 '정하다'가 어울린다.

04 1 결정   2 예정

05 1 놓다 + 두다   2 찾다 + 보다

> 1 놓아두다: 들었던 것을 내려서 어떤 곳에 두다.
> 2 찾아보다: (누구를) 찾아서 만나다.

06 말

07 ③ 여러 사람의 말이 모두 같다

> '이구동성'은 여러 사람이 모두 같은 목소리를 낸다. 즉 모두 같은 말을 한다는 뜻을 지닌 한자 성어이다.

08 도 서 관 을 이용하는 방법

> 이 글은 도서관을 이용할 때 주의해야 할 점을 정리한 글이다.

09 ④ 도서관 안에서 통화할 때에는 조용히 말한다.

> 도서관에서 통화를 해야 할 때는 다른 사람을 방해하지 않도록 밖으로 나가서 통화해야 한다.

10 ④ 모두가 함께 사용하는 곳이어서

> ㉠의 앞부분에서 도서관은 많은 사람들이 이용하는 곳이라고 하였다. 그러므로 도서관을 이용할 때에는 예절을 갖추고 책을 소중하게 다루어야 한다고 하였다.

13 '꽃샘추위'라는 말

본문 56-59쪽

01 무렵

02 1 심하게 2 질투했다

    1 '심하다'는 '정도가 지나치다.'는 뜻으로 '매섭다'와 뜻이 비슷하다.
    2 '질투하다'는 '다른 사람이 잘되거나 좋은 처지에 있는 것 따위를 괜히 미워하고 깎아내리려 하다.'는 뜻으로 '시샘하다'와 뜻이 비슷하다.

03 (더운)

    • 춥다: (몸으로 느끼기에) 기온이 낮거나, 날씨가 차다.
    • 적절하다: 꼭 알맞다.
    • 시원하다: (더위가 가실 정도로) 기분 좋게 서늘하다.

04 1 매섭다 2 서늘하다 3 시샘하다

05 1 { • 동굴 속은 너무 춥고 어두웠다. (○)
       • 날씨가 춥워서 밖에 나갈 수 없었다. (✕)

    2 { • 봄인데도 바람이 매서고 차가웠다. (✕)
       • 산골의 겨울바람은 몹시 매서웠다. (○)

06 1 무렵 2 서늘한 3 시샘하지

07 ③ 상을 탄 친구를 보고 괜히 심술이 난 유주에게

    '사촌이 땅을 사면 배가 아프다'는 남이 잘되는 것을 시샘하는 때에 사용하는 속담이므로 상을 탄 친구를 질투하는 유주에게 사용할 수 있다.

08 '꽃 샘 추 위'라는 말의 뜻

    이 글은 꽃샘추위라는 말이 지니는 의미를 알려 주면서 봄에 갑자기 날씨가 추워지는 꽃샘추위의 특징에 대해 설명하고 있다.

09 1 ○ 2 ✕ 3 ○

    봄에 꽃이 피고 싹이 트는데, 꽃샘추위 때문에 갑자기 추워지면 농사에 피해가 간다.

10 ⑤ 감기에 안 걸리도록 따뜻하게 입는다.

    마지막 문장에서 꽃샘추위가 오는 때에는 감기에 걸릴 수 있으니 옷을 따뜻하게 입으라고 하였다.

14 먼지를 조심해요

사회 환경

01 실외

02 ② 자제했다

> 살을 빼기 위해 먹고 싶은 것을 참는다거나 상대 선수의 공격에도 흥분을 가라앉힌다는 내용에는 '감정이나 무엇을 갖고 싶은 욕심을 스스로 눌러서 그치게 하다.'라는 '자제하다'가 들어가기에 알맞다.
> ① 침착하다: 감정에 이끌리거나 흥분하지 않고 행동이 조심스럽고 바르다.
> ③ 집중하다: 어떤 일에 정신을 모으다.
> ④ 움직이다: 가만히 있지 않다. 또는 (무엇을) 옮기거나 흔들다.
> ⑤ 긴장하다: 마음을 놓지 못하고 정신을 바짝차리다.

03 **1** 조심하다 **2** 예보하다

04 **1** 외출 **2** 야외

05 **1** (밖) 박) **2** (자재해 자제해) **3** (세기고 새기고) **4** (주이하세요 주의하세요)

06 ④ 미리 준비가 되어 있으면 걱정할 것이 없다.

> 태풍에 미리 대비한다면 안전하게 지낼 수 있다는 내용을 담은 글로. '유비무환'은 미리 준비한다면 걱정할 필요가 없다는 뜻을 지니는 한자 성어이다.

07 ⑤ 낮말은 새가 듣고 밤말은 쥐가 듣는다

> '낮말은 새가 듣고 밤말은 쥐가 듣는다'는 아무도 안 듣는 데서라도 말조심해야 한다는 뜻을 지닌 속담이므로 밑줄 그은 부분에 들어가기에 적절하다.
> ① 기본이 되는 것보다 덧붙이는 것이 더 많거나 큰 경우를 이르는 말
> ② 아무 관계 없이 한 일이 우연히 같이 일어나서 어떤 관계가 있는 것처럼 의심을 받게 됨을 이르는 말
> ③ 강한 자들끼리 싸우는 통에 아무 상관도 없는 약한 자가 중간에 끼어 피해를 입게 됨을 이르는 말
> ④ 교양이 있고 수양을 많이 쌓은 사람일수록 겸손하고 남 앞에서 자신을 내세우지 않는다는 말

08 미 세 먼 지 의 특징과 주의할 점

> 이 글에서는 미세 먼지가 무엇인지 설명한 후 미세 먼지가 우리에게 끼치는 영향과 미세 먼지가 많을 때 조심해야 할 점을 설명하였다.

09 ③ 매우 작지만 우리 눈에도 보인다.

> 미세 먼지는 우리 눈에 보이지 않는 아주 작은 먼지로 우리 몸에 나쁜 영향을 미치는 물질로 이루어져 있다.

10 ① 실내에서 놀지 않는다.

> 미세 먼지가 많은 날에는 실외에 나가지 않고 실내에 머무는 것이 좋다.

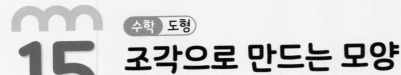

15 조각으로 만드는 모양

본문 64-67쪽

01 따위

02 차례

03 이용한다

💬 '사용하다'는 '물건을 필요한 일에 쓰다.'라는 뜻으로 '대상을 필요에 따라 이롭게 쓰다.'라는 뜻의 '이용하다'와 뜻이 비슷한 어휘이다.
- 보호하다: 사람이나 사물이 위험 · 파괴 · 곤란을 당하지 않게 지키고 보살펴 주다.
- 양보하다: 먼저 어떤 일을 하라고 남에게 길 · 자리 · 물건 등을 내주고 물러나다.
- 살펴보다: 자세히 조심하여 보다.

04 ㉠

05 **1** ㉡ **2** ㉠

06 ☑ 말을 맞추다

💬 제삼자에게 같은 말을 하기 위해 다른 사람과 같은 말을 하였다는 내용이므로 두 문장의 밑줄 그은 부분에 '말을 맞추다'를 써야 한다.

07 ⑤ 운동을 한다며 집에 운동 기구를 사 놓고 사용하지 않는다.

💬 운동 기구가 집에 있는데도 운동을 하지 않는 상황에 이 속담을 사용하여, 힘을 들여 운동 기구를 이용하지 않으면 운동 기구가 있어도 소용없다는 뜻을 나타낼 수 있다.

08 칠 교 놀 이 를 하는 방법

💬 이 글에서는 '칠교'라는 이름이 붙여진 까닭과 칠교놀이를 하는 방법을 설명하고 있다.

09 ① 혼자서는 할 수 없다.

💬 칠교놀이는 혼자서도 할 수 있고 여럿이 함께 경쟁하며 할 수도 있다.

10 **1** 5 **2** 2

💬 칠교판을 이루고 있는 나무 조각은 큰 삼각형 2개, 중간 크기의 삼각형 1개, 작은 삼각형 2개와 서로 모양이 다른 사각형 2개이다. 따라서 삼각형의 개수는 2+1+2=5개이고, 사각형의 개수는 2개이다.

16 우리나라의 인사법

본문 68-71쪽

01 꿇다

02 (포개어)

> • 멈추다: (움직임이) 멎다.
> • 기울이다: (무엇을 한쪽으로) 비스듬히 하거나 굽히다.
> • 더듬다: (무엇을 알아내거나 찾으려고) 손을 이리저리 움직여 만지다.

03 1 특별했다 2 찾아간다

04 1 특기 2 특징

05 1 포개어 2 찾아가서 3 꿇고

06 ☑ 손가락 안에 꼽히다

07 ④ 영화감독은 역할에 꼭 맞는 연기자를 _____하여 뽑았다.

> ④는 역할에 맞는 연기자를 찾기 위해 감독이 노력한다는 내용이므로 '삼고초려'를 넣기에 알맞다.
> ① '대동소이(大同小異: 큰 차이 없이 거의 같다)'라는 한자 성어가 어울린다.
> ② '백발백중(百發百中: 무슨 일이나 틀림없이 잘 들어맞는다)'라는 한자 성어가 어울린다.
> ③ '우문현답(愚問賢答: 어리석은 질문에 대한 현명한 대답)'이라는 한자 성어가 어울린다.
> ⑤ '기우(杞憂: 앞일에 대해 쓸데없는 걱정을 한다)'라는 한자 성어가 어울린다.

08 큰절을 하는 때와, 남자와 여자의 [큰][절] 하는 방법

> 이 글에서는 큰절을 하는 때를 설명하고, 성별에 따라 다른 큰절 방법을 설명하고 있다.

09 ④ 절을 한 뒤에 바닥에서 재빠르게 일어선다.

> 큰절은 우리 전통 생활에서 예의를 갖춘 인사이다. 남자와 여자 모두 큰절을 할 때에는 절을 하고 난 뒤에 천천히 일어나야 한다.

10 (㉠) → (㉢) → (㉡)

> 이 글에서는 먼저 남자가 큰절을 하는 방법을 설명한 뒤에 이어서 여자가 큰절을 하는 방법을 설명하였다. 여자는 남자와 다른 방법으로 큰절을 한다.

17 편지를 써 봐요

본문 72-75쪽

01 형식

02 ① 안부, 전했다

03 시작하며

💬 • 마치다: (하던 일이나 과정을) 끝내다.
• 끝내다: (어떤 일·상황·상태를) 더 할 것 없이 마무리하다.
• 마무리하다: 어떤 일이나 행동을 잘 끝내다.

04 1 안심   2 편안

05 ③ 치우다

💬 ③의 '치우다'는 하나의 어휘로 어휘와 어휘가 만나서 이루어진 어휘가 아니다.
① '꿈'과 '꾸다'가 만나 새로운 어휘가 된 것이다.
② '앞'과 '서다'가 만나 새로운 어휘가 된 것이다.
④ '꽃'과 '피다'가 만나 새로운 어휘가 된 것이다.
⑤ '손'과 '들다'가 만나 새로운 어휘가 된 것이다.

06 1 ㉠   2 ㉡   3 ㉢

07 ① 끝을 보다

💬 '끝을 보다'는 시작한 일을 끝맺는다는 뜻을 지닌 말이므로, 퍼즐 맞추기를 끝맺기 위해 오랜 시간 동안 그 일을 하고 있는 우주에게 사용하기에 알맞은 말이다.
② '남의 마음과 태도를 살피다.'라는 뜻이다.
③ '잠을 자려고 이부자리에 드러눕다.'라는 뜻이다.
④ '호된 고통이나 어려움을 겪다.'라는 뜻이다.
⑤ '주관이나 선입견에 얽매여 좋지 아니하게 보다.'라는 뜻이다.

08 편 지 를 쓰는 방법과 편지의 기본 형식

💬 이 글은 편지가 어떤 글인지 설명하고, 편지를 쓰는 방법과 편지를 쓸 때 지켜야 하는 형식을 설명하였다.

09 1 ○   2 ○   3 ✕

💬 편지를 마무리할 때는 편지를 쓴 날짜와 편지를 쓴 사람을 써야 한다.

10 ② 고마운 마음

💬 ㉠에서 태오는 미술 시간에 색연필을 빌려준 민주에게 고마운 마음을 전하고 있다.

18 손을 깨끗이 씻자

본문 76-79쪽

01 익다

02 곪다

03 (곪아)

> • 맴돌다: (어떤 상태가) 반복적으로 계속되거나 변함이 없다.
> • 물리치다: (쳐들어오거나 대항하는 것을) 물러가게 하다.
> • 반복되다: 같은 일이 되풀이 되다.

04 ㉡

> ㉡에는 '어떤 일이나 물건을 정상적인 상태를 유지하도록 책임지고 보살피며 다루다.'라는 뜻의 '관리하다'가 들어
> 가기에 알맞다.

05 **1** ㉠ **2** ㉡

06 **1** 날고기 **2** 날김치

07 ① 주미: 나도 이번 시험을 못 봤는데 너도 마찬가지구나.

> '동병상련'은 힘든 상황에 있는 사람들이 서로 가엾게 여긴다는 뜻을 지니므로 자기처럼 시험을 못 본 친구를 만난
> 주미가 할 수 있는 말이다.

08 병 균 을 막아 병에 걸리지 않는 방법

> 이 글은 병균이 우리 몸에 침입하거나 전염되는 것을 막기 위해 손을 씻고, 음식의 상태를 잘 살펴 먹어야 한다는
> 내용을 담고 있다.

09 (손)

> 사람은 손으로 물건을 잡고 얼굴을 만지는 등의 활동을 하므로 손에 묻은 병균이 우리 몸 이곳저곳으로 퍼질 수
> 있다.

10 ④ 곪은 상처가 다 나았다.

> 손을 씻는 이유는 손에 있는 병균을 없애기 위해서이다. 곪은 상처가 다 나았으면 병균이 사라진 것이므로 손을 씻
> 어야 하는 상황과는 관계 없다.

19 물에 녹아요

본문 80-83쪽

01 묽게

02 짙은

💬 '옅다'는 빛깔이 보통의 정도보다 흐릿하다는 뜻을 나타내므로, '옅다'와 뜻이 반대인 어휘는 '짙다'이다.
- 예쁘다: (생긴 모양이) 아름답고 귀엽다.
- 많다: (수·양·정도 등이) 일정한 기준을 넘어서 아주 여럿이거나 아주 크다.
- 강하다: (무엇을 할 수 있는 힘이) 세다.

03 ① 되다 ② 질다

04 ① 짙다 ② 되다 ③ 질다

05 ① 짖다 ② 짓다 ③ 짙다

06 ① 섞어 ② 옅다 ③ 묽다

07 ④ 어려운 상황에 있으면서 아쉬운 소리를 한다.

💬 도아는 준비물을 가져오지 않아 친구의 줄넘기를 빌리는 어려운 상황에 있으면서 파란색 줄넘기가 없는 것을 아쉬워하고 있다.
① '눈코 뜰 사이 없다'라는 말의 뜻이다.
② '코가 납작하다'라는 말의 뜻이다.
③ '국물도 없다'라는 말의 뜻이다.
⑤ '물불 가리지 않다'라는 말의 뜻이다.

08 물 에 녹는 재료와 안 녹는 재료

💬 이 글은 물에 녹는 재료와 물에 안 녹는 재료에 대해 설명하였다. 물에 녹는 재료가 녹았을 때 진한 정도를 알 수 있는 방법, 녹지 않는 재료를 물에 넣었을 때의 변화에 대해서도 이야기하고 있다.

09 ② 물의 색깔

💬 흑설탕은 물에 녹는 재료로 색깔이 있는 재료이므로 같은 양의 물에 많은 양을 녹이면 물의 색이 짙어진다.

10 ① ㉡ ② ㉠

💬 반죽을 할 때 물이 적으면 반죽이 되게 되고, 물을 많이 넣으면 반죽이 질게 된다.

20 물건을 다시 써요

본문 84-87쪽

01 ❶ 일회용품 ❷ 불편

02 떼다

💬 '붙이다'는 맞닿아 떨어지지 않게 한다는 뜻을 지니므로, '떼다'와 뜻이 반대인 어휘이다.
• 대다: (어디에 무엇을) 닿게 하거나 가까이 있게 하다.
• 들다: (무엇을) 손에 가지다. 손에 잡다.
• 접다: (종이나 천을) 구부려서 한쪽이 다른 쪽에 겹치게 하다.

03 ⑤ 재활용하기

04 ❶ 상품 ❷ 귀중품

05 ❶ (붙이다 | 부치다) ❷ (붙이다 | 부치다)

06 ❶ (안 | 못) ❷ (안 | 못) ❸ (안 | 못)

💬 ❶ 자신이 자기 싫어서 자지 않은 것이 아니라 밖이 시끄러워서 자지 못한 것이다.
❷ 공책이 필요하지 않아서 자신의 마음에 따라 공책을 사지 않은 것이다.
❸ 친구와 놀고 싶어서 자신의 마음에 따라 숙제를 하지 않은 것이다.

07 ⑤ 태권도 대회에 나가면 항상 상을 탔는데 또 태권도 대회에 나가게 되었다.

💬 태권도 대회를 나갈 때마다 상을 탔다면 또 태권도 대회에 나갔을 때 상을 탈 것이 확실하다고 볼 수 있으므로 '떼어 놓은 당상'이라는 속담을 쓰기에 알맞다.

08 재 활 용 을 할 때 주의할 점

💬 재활용을 하기 위해 재활용품을 모으는 방법과 재활용을 하면 좋은 점을 설명하였다.

09 ⑤ 일회용품도 재활용할 수 있도록 따로 모은다.

💬 일회용품은 재활용할 물건이 아니고 쓰레기로 내놓아야 한다.

10 ② 환경을 지킬 수 있어서

💬 마지막 문장에서 환경을 보호하고 물건을 아끼기 위해 재활용을 하자고 말하였다.

실력 확인 1회

1 낭 송

2 곪 다

3 따 위

4 익 다

5 1 ㉠ 2 ㉡

6 1 ○ 2 ○ 3 ○ 4 ✕ 5 ○

💬 4 '포개다'는 '놓인 것 위에 또 놓다.'라는 뜻이다. '서로 나누어 떨어지게 하다.'는 '분리하다'의 뜻이다.

7 자제했다

💬 '자제하다'는 '감정이나 무엇을 갖고 싶은 욕심을 스스로 눌러서 그치게 하다.'라는 뜻이다.

8 1 (밖| 안) 2 (찬| 뜨거운)

3 (적다 |많다) 4 (평평한| 울퉁불퉁한)

9 ☑ 약하다

💬 '연약하다'는 '여리고 약하다.'라는 뜻이다.
예 작고 연약해 보이는 강아지를 안아 주었다.

10 ☑ 재다

💬 '측정하다'는 '일정한 기준에 따라서 길이, 무게, 크기 따위를 재다.'라는 뜻이다.
예 바지 길이를 측정하다.

11 ☑ 귀중하다

💬 '중요하다'는 '귀중하고 꼭 필요하다.'라는 뜻이다.
예 학생들은 중요한 시험을 앞두고 있었다.

12 ☑ 빌리다

💬 '대출하다'는 '돈이나 물건 따위를 빌려주거나 빌리다.'라는 뜻이다.
예 짝꿍에게 지우개를 빌리다.

13 **1**  ☑횟수   **2** ☑해칠

    1 '쓰임새'는 '물건이 쓰이는 곳이나 정도'라는 뜻이다.

    2 '불편하다'는 '어떤 것을 사용하거나 이용하는 것이 자연스럽지 못하거나 괴롭다.'라는 뜻이다.

14 ☑단위

    '형태'는 '사물의 생김새나 모양'이라는 뜻이다. 반면 '단위'는 '길이, 무게, 시간 따위의 수량을 나타낼 때 기초가 되는 일정한 기준'이라는 뜻이기 때문에 '형태'와 바꿔 쓰기 어렵다.

15 ☑전하는

    '바라다'는 '생각이나 바람대로 어떤 일이 이루어지거나 그렇게 되었으면 하고 생각하다.'의 뜻이다. 반면 '전하다'는 '어떤 사실을 상대에게 알리다.'의 뜻이기 때문에 '바라다'와 바꿔 쓰기 어렵다.

16 ① 쥐의 <u>친척</u>은 뱀이다.

    '친척'은 '혈통이 어머니와 아버지와 배우자에 가까운 사람'을 뜻한다. ①에는 '잡아먹는 동물을 잡아먹히는 동물에 상대하여 이르는 말'인 '천적'이 들어가야 알맞다.

17   **1** 상태   **2** 훈련   **3** 조상   **4** 상상

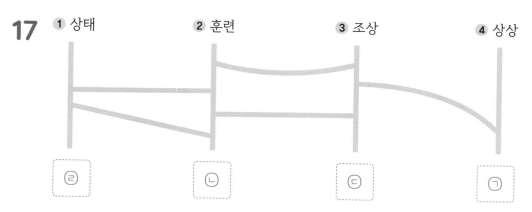

ㄹ   ㄴ   ㄷ   ㄱ

18   발

19   나쁜 버릇

20   같다

실력 확인 2회

1 청 결

2 오 염

3 굳 다

4 보 온

5 **1** ○   **2** ○   **3** ○   **4** ✕

💬 **4** '손쉽다'는 '어떤 것을 다루거나 어떤 일을 하기가 까다롭거나 힘들지 않다.'라는 뜻이다.

6

반	납	대	출
성	²쓰	임	새
³예	¹침	관	방
보	입	리	문

7 **1** (사람 ｜ 동물)   **2** (약하다 ｜ 강하다)   **3** (무릎 ｜ 목)   **4** (적어 ｜ 많아)

8 **1** ㉠   **2** ㉡

9 **1** ☑ 떼다.   **2** ☑ 주의해야

💬 **1** '해치다'는 '어떤 물건이나 상태를 상하거나 망가지게 하다.'라는 뜻이다.
2 '자제하다'는 '감정이나 무엇을 갖고 싶은 욕심을 스스로 눌러서 그치게 하다.'라는 뜻이다.

10 ② 여름이 오자 산이 푸른빛을 측정하다.

💬 '측정하다'는 '일정한 기준에 따라서 길이, 무게, 크기 따위를 재다.'라는 뜻으로 산이 푸른빛이 되었다는 내용에는
어울리지 않는다. ②에는 '빛깔이나 색채 따위를 가지다.'라는 뜻의 '띠다'가 어울린다.

11 **1** ㉢   **2** ㉠   **3** ㉡

💬 **1** '재활용'은 '못 쓰게 된 것을 용도로 바꾸거나 새로운 것으로 만들어서 다시 쓰다.'라는 뜻이다.
2 '통화'는 '전화로 말을 주고받다.'라는 뜻이다.
3 '사육'은 '어린 가축이나 짐승이 자라도록 먹이고 기르다.'라는 뜻이다.

12 ☑ 부정

💬 '긍정'은 '그러하다고 생각하여 옳다고 인정하다.'라는 뜻으로 '그렇지 아니하다고 단정하거나 옳지 아니하다고 반대하다.'라는 뜻의 '부정'과 뜻이 반대이다.

13 ☑ 얇다

💬 '두껍다'는 '두꺼운 정도가 보통의 정도보다 크다.'라는 뜻으로 '두께가 두껍지 아니하다.'라는 뜻의 '얇다'와 뜻이 반대이다.

14 ☑ 편하다

💬 '불편하다'는 '어떤 것을 사용하거나 이용하는 것이 자연스럽지 못하거나 괴롭다.'라는 뜻으로 '몸이나 마음이 거북하거나 괴롭지 아니하여 좋다.'라는 뜻의 '편하다'와 뜻이 반대이다.

15 ☑ 평범하다

💬 '특별하다'는 '보통과 구별되게 다르다.'라는 뜻으로 '뛰어나거나 색다른 점이 없이 보통이다.'라는 뜻의 '평범하다'와 뜻이 반대이다.

16 ☑ 옮지

💬 '전염되다'는 '병이 남에게 옮다.'라는 뜻으로 '옮다'와 바꾸어 쓸 수 있다.

17 ☑ 사용

💬 '이용'은 '대상을 필요에 따라 이롭게 쓰다.'라는 뜻으로 '사용'과 바꾸어 쓸 수 있다.

18 땀

19 ⬭ 말

💬 '낮말은 새가 듣고 밤말은 쥐가 듣는다'와 뜻이 비슷한 속담으로는 '발 없는 말이 천 리 간다', '세 치 혀가 사람을 잡는다'가 있다.

20 ⬭ 반복

💬 '비일비재'와 뜻이 비슷한 한자 성어로는 '부지기수(아니다 不, 알다 知, 그 其, 세다 數)'가 있다.

속담 · 한자 성어 깊이 알기

도토리 키 재기
본문 14쪽

'도토리'는 갈참나무, 졸참나무, 물참나무, 떡갈나무 따위의 열매를 통틀어 이르는 말입니다. 도토리는 작은 열매로, 그 크기가 비슷비슷합니다. 그래서 도토리를 여러 개 주워 크기를 비교해도 별 차이가 없습니다. 이 속담은 크기가 비슷한 도토리끼리 키를 잰다는 것이므로 '비슷비슷하여 견주어 볼 필요가 없다.'는 뜻입니다.

예 지오와 현수의 달리기 실력은 <u>도토리 키 재기</u>이다.

세 살 적 버릇이 여든까지 간다
본문 18쪽

'버릇'은 '오랫동안 자꾸 반복하여 몸에 익어 버린 행동'을 말합니다. 한 번 버릇이 생기면 그 버릇을 고치기 힘드므로 이 속담은 '세 살 때에 생긴 버릇은 여든이 될 때까지 없어지지 않는다.'는 뜻입니다. 즉 '어릴 때부터 나쁜 버릇이 들지 않도록 잘 가르쳐야 한다.'는 것을 알려 줍니다.

예 <u>세 살 적 버릇 여든까지 간다</u>고 오랜만에 만난 친구는 아직도 손톱을 물어뜯는 버릇을 갖고 있었다.

낮말은 새가 듣고 밤말은 쥐가 듣는다
본문 62쪽

'낮말'은 낮에 하는 말이고, '밤말'은 밤에 하는 말입니다. 주위에 듣는 사람이 없을 때 하는 말이라도 낮에는 새가 듣고 밤에는 쥐가 들을 수 있으므로 이 속담은 '아무도 안 듣는 데서라도 말조심해야 한다.'는 뜻입니다. 뜻이 비슷한 속담으로는 "발 없는 말이 천 리 간다", "세 치 혀가 사람을 잡는다"가 있습니다.

예 어제 짝이 없을 때 한 말인데 <u>낮말은 새가 듣고 밤말은 쥐가 듣는다</u>더니 어떻게 알고 있지?

떼어 놓은 당상
본문 86쪽

'당상'은 조선 시대에 아주 높은 벼슬자리를 뜻하는 말입니다. 당상이 되면 금으로 된 장신구를 할 수 있었는데, 이 장신구는 당상만 달 수 있었기 때문에 당상이 장신구를 떼어 놓아도 다른 사람이 가져가서 쓸 수 없어서 잃어버릴 일이 없었습니다. 이 속담은 '일이 확실하여 조금도 틀림이 없다.'는 뜻입니다. 뜻이 비슷한 속담으로는 "받아 놓은 밥상"이 있습니다.

예 노래 대회에서 가희가 우승하는 건 <u>떼어 놓은 당상</u>이야.

비일비재
—
본문 38쪽

아니다	비 (非)
하나	일 (一)
아니다	비 (非)
두 번	재 (再)

'하나도 아니고 둘도 아니다'는 뜻으로, '같은 현상이나 일이 한두 번이나 한둘이 아니고 많다.'를 이르는 말입니다. 이 한자 성어는 주로 매우 반복해서 일어나는 일에 대해 말할 때 사용합니다. 비슷한 한자 성어로 '부지기수(아니다 不, 알다 知, 그 其, 세다 數)가 있습니다.

예 친구는 약속 시간에 늦는 것이 비일비재(非一非再)하다.

약육강식
—
본문 42쪽

약하다	약 (弱)
고기	육 (肉)
강하다	강 (强)
먹다	식 (食)

'약한 동물의 고기는 강한 동물이 먹는다.'는 뜻으로, '강한 자가 약한 자를 힘으로 다스리고, 약한 자는 강한 자에게 지배를 받는다.'를 이르는 말입니다. 옛날 중국의 한유라는 사람이 새가 고기를 쪼아 먹다가 머리를 들고 주위를 살피고, 또 그 새를 먹기 위해 짐승이 다가가는 것을 보면서 "약한 것은 먹히고 강한 것은 먹는다."라고 표현한 데서 유래하였습니다.

예 동물들이 자유롭게 사는 정글은 약육강식(弱肉强食)의 세계이다.

이구동성
—
본문 54쪽

다르다	이 (異)
입	구 (口)
같다	동 (同)
소리	성 (聲)

'입은 다르나 목소리는 같다.'는 말로, '여러 사람의 말이 모두 같다.'는 뜻입니다. 여기서 입이 다르다는 말은 각자의 입장이 다르다는 뜻으로 쓰인 것이 아니라, 각각 '다른 사람'이라는 뜻으로 쓰인 것입니다. 비슷한 한자 성어로 '이구동음(다르다 異, 입 口, 한가지 同, 소리 音)이 있습니다.

예 선생님의 질문에 우리는 이구동성(異口同聲)으로 대답하였다.

삼고초려
—
본문 70쪽

셋	삼 (三)
돌아보다	고 (顧)
풀	초 (草)
오두막집	려 (廬)

'오두막집을 세 번이나 돌아보다.'는 뜻으로, '재주가 뛰어난 사람을 얻으려면 참을성 있게 노력해야 한다.'를 이르는 말입니다. 중국 삼국 시대에 유비가 뛰어난 전략가인 제갈공명을 신하로 두기 위해 그의 오두막집을 세 번이나 찾아간 끝에 제갈공명을 자신의 신하로 맞이한 데에서 유래하였습니다.

예 내가 좋아하는 선수를 삼고초려(三顧草廬) 끝에 만났다.

memo

완자·공부력·시리즈 매일 4쪽으로 스스로 공부하는 힘을 기릅니다.

대표전화 1544-0554
주소 서울특별시 구로구 디지털로33길 48 대륭포스트타워 7차 20층
협의 없는 무단 복제는 법으로 금지되어 있습니다.